「脱单」约会吧

陈小北◆著

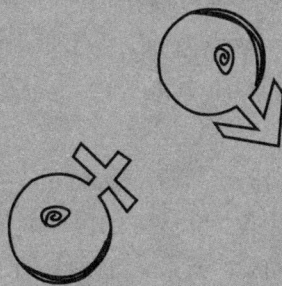

中国言实出版社

图书在版编目（CIP）数据

"脱单"约会吧 / 陈小北著．—北京：中国言实出版社，
2014.5

ISBN 978-7-5171-0575-6

Ⅰ．①脱… Ⅱ．①陈… Ⅲ．①女性－恋爱－通俗读物

Ⅳ．① C913.1-49

中国版本图书馆 CIP 数据核字 (2014) 第 101106 号

责任编辑：陈昌财

出版发行　中国言实出版社
　　　　　地　　址：北京市朝阳区北苑路 180 号加利大厦 5 号楼 105 室
　　　　　邮　　编：100101
　　　　　编辑部：北京市西城区百万庄路甲 16 号五层
　　　　　邮　　编：100037
　　　　　电　　话：64924853（总编室）　　64924716（发行部）
　　　　　网　　址：www.zgyscbs.cn
　　　　　E-mail：yanshicbs@126.com
经　　销　新华书店
印　　刷　北京市玖仁伟业印刷有限公司
版　　次　2014 年 9 月第 1 版　　2014 年 9 月第 1 次印刷
规　　格　880 毫米×1230 毫米　　1/32　　印张 9
字　　数　180 千字
定　　价　32.00 元　　　　　　　ISBN 978-7-5171-0575-6

前 言

　　社会进步导致年轻人社会压力大，很多时间都用在工作上，因为忙碌，连约会的时间都没有了，导致了社会上出现越来越多的"剩女"。"剩女"问题不容忽视，很多女性由于各种原因都没有对象，"奔三"了还处于单身的状态，父母们急，自己更急。或许她们已经在频繁相亲了，但就是找不到合适的对象，到最后依然还是"剩女"。

　　所以，女性必须重视自己的婚姻才行。首先不能拿婚姻不当回事儿，你要在自己还年轻时就为了婚姻问题做准备，不然你可能会成为高龄"剩女"，但高处不胜寒，那种生活是孤独和寂寞的。

　　其次，选择男人不要光看他表面的东西，深入细致地观察是很重要的。你不能仅凭第一印象就对一个男人肯定或否定，说不定你看不上眼的那个男人十分的优秀，而你认为很好的男人也说不定就是骗子。所以，理性的女孩不会跟着感觉走，也不会迷恋一见钟情，更不会被婚前男人所表现的好给迷惑。

　　第三，必须明白：婚姻和爱情是不同的，婚姻生活有很多现实的东西，找老公比找一个男朋友风险要大。谈恋爱不行的话，可以分手。但如果选错老公，离婚是要付出沉重代价的。结婚必须要找个能过日子的老公，两个人有共同的价值观，能和谐地生活在一起，还需要点"门当户对"。

第四，不要给男人留下"拜金女"的印象。男人骨子里是讨厌"拜金女"的，只有那些不负责任的男人才喜欢诱惑"拜金女"，让其作为自己的情人，但他未必会和这样的女人结婚。同时，也不要总一门心思地想着嫁给富男人，真正能找个有钱老公的女人毕竟是少数。而嫁给富男人的日子未必全是幸福。你没有向男人叫板的资本，你既要做"任劳任怨"的老婆，又要做听话顺从的儿媳，如果是豪门，你要忍受的委屈更多。

最后，选择老公要有自己的主见，自己要有一个标准才行。有了自己的标准后，你就不会盲目地挑，不会让父母代替你找老公，也不会盲目听信别人的话。别人的意见只是参考，选哪个男人还是自己做主。只要你遇到适合自己的男人，就别再犹豫了，拿出你的真诚，用包容的态度和他们交往，千万不能和几个男人同时交往，说不定丢了西瓜，你最后连芝麻也得不到。

除上面这些，本书还讲了很多内容。比如给"穷男人"奋斗的时间，如何包装男人，如何投资理财等。本书结尾还给了女人一些提醒，比如不要总让男人掏腰包，不要总考验男人等。所有这些都希望能给女孩一些建议，让她们在恋爱和相亲的道路上少走弯路，能尽快找到自己心爱的男人。

目 录

「脱单」约会吧

目
录

「脱单」约会吧

第一章 高处不胜寒，"脱单"约会吧

　　女人的青春是不可复制的美丽，如果你还年轻，如果不想有一天成为"剩女"，那么就抓紧时间恋爱、约会吧。忙，不是你的借口，时间总能挤出来。圈子小也不是借口，走出闺房，总能认识很多优秀的男人。同时，不要把自己放在高高的位置上，成为"女神"后，你对男人来说就高不可攀了。最后，不要觉得爱一个人可以不在乎结果，给自己的恋爱限定一个有效期，是对男人的警醒！

女人的青春是不可复制的美丽

人们常说，"嫁人要趁早"，于是有些女孩为了少奋斗，为了趁年轻嫁个有钱的老公，早早地就结婚了，这就导致社会上出现一个新的族群——"毕婚族"。甚至有媒体报道说一些90后为了避免成为"剩女"，在网上公开征婚。女孩的这种心态让我们不禁惊叹：现在的女孩子都怎么了！

对于这些女生的择偶观念编者并不赞同，也不提倡女孩过早地嫁掉自己，更不希望她们靠结婚来获得房子和幸福。不过，年轻的确是女孩的一种优势，你在二十几岁结婚，与你在三十几岁结婚获得男人的宠爱是不同的。更重要的是，你在二十几岁找个对象，比二十几岁时找个对象难得多。下面这个女孩曾经很漂亮，但她那时并不着急嫁掉自己，可等想嫁掉自己时，却发现自己的青春已经远去。

刘蕊出生在一个县城，曾经是一个漂亮的女孩，一直都是别人美慕的对象。她遗传了妈妈的美貌，长得小巧可人，是街坊邻居眼中的小美人，还是校园的一朵花。

妈妈也把女儿当宝贝宠着，什么都不让她做，她还常常教导女儿说："女孩子，最关键是读好书，提升文化层次，然后再嫁个好男人！"

在妈妈的影响下和别人的赞美声中，刘蕊有些小小的得意和自恋，她觉得自己很漂亮，并享受别人的赞美。当在电视剧看到某个女明星时，她就会问妈妈说："老妈，我有她漂亮吗？"妈妈就会笑着说："等你长大了比她漂亮多了！"有时在大街上看到漂亮的女孩，她心里总是自语：她不会比我漂亮吧！

上学期间有很多男生追求过她，可刘蕊却像一个高傲的公主，幻想着王子一样的男生出现，不想和那些她认为很俗气的男生交往。她一直想找一个温文尔雅，有气质，有涵养，而且还能写一手好文章的男生，可惜她读的那所大学，本来精品男人就少，剩下的不是那些天天泡在女人堆里的花花公子，就是野兽级别的男生，这些她都看不上，所以大学里她一直都处于单身状态，拒绝了很多男生的求爱。她想等自己毕业后，一定留在这个城市，等自己成为职场精英时，还怕找不到自己的王子吗？

毕业后，她没有回家乡发展，像《蜗居》中的海萍一样，她觉得那是小地方，发展空间小，而且还接触不到优秀男人，于是便留在了大城市找工作。不过面对残酷的竞争压力，她并没有找到理想的工作，做了两年"蚁族"后，她灰溜溜地回家做了一名英语老师。

在那个偏远的小城市，刘蕊依然保持着当年的高傲，并且是很多男老师的追求对象，不过还是没几个男人让她看得上的。有个历史老师很爱慕刘蕊的才气和美貌，经常写诗给她。不过在刘蕊看来，这个诗人的行为和思想怪怪的，没有什么让她心动的地方，有时候还讨厌他说话的样子。

刘蕊不着急，她的家人却很上心，觉得女孩毕业工作后就要嫁人，不然以后找对象就难了，便张罗着给她介绍对象。刘蕊依旧像个小公主一样，满不在乎，她对妈妈说："这都啥年代了，谁这么早结婚啊？我还年轻，以后有的是时间。"妈妈说："你看邻居家的姑娘们早早地就嫁人的，有的孩子都有了！"刘蕊不屑地说："那是她们不够漂亮！你们不用担心我，像我这样的还怕嫁不掉自己吗？"

家人无奈，在此后的几年就没逼刘蕊结婚。那时刘蕊对自己的漂亮有足够的自信，找不到自己理想的男人是不肯嫁掉自己的。在等待这样男人出现的同时，她过着自己悠闲的生活。她是啃老族，还和父母住在一起，打扫房屋、洗衣服之类的事情还得妈妈操心。她还是个月光族，所有的钱都被自己消费掉了，没有多少存款，更没有购房计划。

转眼间她就26岁了，她还是单身一个，唯一不同的是她有些胖了，没有了当年那苗条的身材了。那个诗人老师已经结婚了，对象是一个23岁的幼儿园老师，长得小巧可爱。诗人平常见了刘蕊总是开玩笑说："你看，我够幸福吧。拒绝我将是你这辈子最大的遗憾！"刘蕊笑着说："除非等我老了没人要时，我想我会后悔吧！"诗人嘿嘿地说："后悔也没用了，绝不会让你插足我婚姻，因为那时我再也看不到你年轻时的美丽了。"

刘蕊没再和诗人贫嘴，觉得最后那句话分明是在嘲笑她会成为一个黄脸婆。她想赵雅芝50岁能迷倒少男的心，刘晓庆快60岁的女人还能扮少女，她这个刚刚26岁的没结婚的女孩怕什么。而且，刘蕊也不喜欢婚姻生活，觉得整天围着柴米油盐团团转很没意思，还要生小孩，要自己打扫房间……她想趁年轻好好享受生活。刘蕊不拿婚姻当回事儿，可父母却坐不住了。一个女孩子26岁还没嫁出去，这是做父母的失职啊，就算自家人不说什么，周围的邻居也觉得不正常啊。

在家人的强力要求下，刘蕊开始了自己的相亲生涯。就像电视剧《媳妇的美好时代》和《大女当嫁》描绘的那样，她在父母催促下，极不耐烦地去相亲，可相来相去都不满意，不是觉得人家不够风度，就是看着不顺眼，即便这样也不想降低自己的标准，只想找到最满意的那个人。

刘蕊在此后的几年后是在不停地相亲中度过的，期间曾遇到过令自己心仪的男孩，但当对方了解她快30岁后就放弃了，他们都想找那些二十几岁的年轻女孩，还觉得一个女孩再漂亮，如果30岁前都不交男朋友的话，一定不太好相处。刘蕊后来遇到一个35岁的男人，她觉得这个人挺有气质的，就交往了一年，但后来却发现这个男人并不是那么珍惜他，对她不温不火的，有时候还讽刺她说："你还以为你是20岁的小姑娘啊，你的清高值几个钱。"刘蕊的自尊心很受打击，就提出了分手。

32岁时，刘蕊有些发福，皮肤不再细腻，当年的漂亮公主变成了一个"剩女"，周围邻居常常会在背后议论她。父母见女儿还是嫁不出去，简直快疯掉了，不再像从前那样宠着她，一天到晚不给她好脸色看，还说再找不到男朋友你自个儿过去吧，我们不能养你一辈子。现在，刘蕊不结婚不行了，可等她真正想急着嫁掉的时候，她已经没有挑选别人的主导权了，那些男人都很介意她的年龄。

她几乎每周末都得赶场子参加不同的相亲活动。有一个月，她竟然相亲达13次，可即便自己一再降低标准，她觉得不错的男人就是看不上她。后来的后来，她极不情愿地嫁给了一个离过婚的数学老师。然而，这个男人十分小气，也看不惯刘蕊整天对着镜子臭美的样子，两人经常吵架，最后便离婚了。

一年后的某一天，刘蕊带着满脸的愁容坐在公园的长椅子上发呆，在她模糊的视线里，她看到那个诗人老师领着老婆和孩子在公园里悠闲地散步，他们的脸上荡漾着幸福的微笑。突然，刘蕊眼睛里酸酸的，默默地流下了眼泪，她想起了这个男人当年说过的话，她不是后悔了，而是为自己失去的青春而感到悲伤。她多么想回到年轻的时代，如果上天能给她一次机会，她想……可是，她明白女人的青春是不可复制的美丽，等待她的将是容颜的老去。她叹了口气，起身离去，明天她还要去相亲！

看了这个故事，我们心中难免有些遗憾。刘蕊在年轻的时候是一个漂亮的女孩，是父母宠爱的公主，更是男孩心仪的天使，以她的条件，在她年轻的时候找一个适合自己的男朋友是很容易的事情，可是她总想找个理想的人，拒绝了诗人老师的求爱，也不把婚姻大事当回事儿，等她慢慢老去的时候，她才开始为婚姻大事着急，可这个时候她的美丽不再，胖了，身材变形了……总之，她在相亲的道路上吃尽了苦头。

其实，在一个女人的生命中，她最美的时光就是青春，这种美是无法复制的，只有短短的几十年，没有谁能永葆青春，总会有容颜老去那天。而那些靠保养和整容依然楚楚动人的女人，她们的美丽是无法与青春的美丽相媲美的。正如一个苹果最好吃的时候是刚刚被摘下的那几个月里，你用保鲜的方法存上几个月也能吃，但味道是不同的。可以说，青春的美丽是你与成熟女人竞争的优势。

而且天下的男人喜欢年轻的女孩，尽管这种看法是女人厌恶的，但却是你无法逃避的，无论是小男人还是老男人，无论是好男人还是坏男人，如果能找到二十多岁的女孩，绝对不想娶个三十几岁的女人。据《北京晨报》报道，通过街头访问、深度面谈和互联网调查的方式，在 200 万的受访者中，65% 的男士认为最理想的结婚对象是 25 岁的女性，从 30 岁起，女人的结婚机会就直线下降：30 岁的时候，有 25.5% 的男士认为娶她"还 OK"；到女性 35 岁的时候，仅有 12.5% 的男士能够接受。因此，要避免成为大龄"剩女"为婚姻发愁，你就应该年轻时早为自己的婚姻大事做准备，这个时候你未必就要嫁掉自己，而是利用这段时间去寻找自己心仪的男人。

女孩在年轻时为婚姻做准备，你会有很多的优势。首先你年轻漂亮，可以慢慢挑，优中选优，即使选错了，还有重新选择的机会，而 30 岁后，你能挑的范围就小了。其次，可以避免成为社会焦点。就像故事中的刘蕊，到 30 岁还没结婚，街坊邻居会议论，有些人还在背后对你指指点点，让你活在社会压力之下。而你 25 岁左右有了结婚的对象，即便不结婚也不会有人在背后说你。

总而言之，女人在年轻时应为婚姻大事早做准备，这是对自己的负责。

别把工作当情人，忙也要考虑个人问题

白领小静一次和同学聚会，昔日室友问："你现在找到男朋友了吗？"小静满脸笑容地说："找到了，而且天天都离不开他，要多亲密有多亲密！"室友忙问："帅不帅啊，哪天带来让大家瞧瞧。"

小静大笑道："我的男朋友就是我工作啊，我也想找个帅哥花前月下，可我没心情去恋爱，有时候真的感觉工作就是我的情人，这辈子就和工作结婚得了。"

"把工作当情人，打算和工作结婚"虽然是小静的一句玩笑，但却折射出职场女性对情感的渴望和无奈。在快节奏的大城市里，人们工作的压力很大，就像《杜拉拉升职记》描绘的那样，为了生存，为了加薪，为了还房贷，他们拼命工作。每天早早地起床，胡乱吃点早饭就踏上拥挤的公交和地铁，匆匆忙忙赶到公司，去处理仿佛永远也干不完的工作。有时下班的时间到了，为了没完成的任务，他们还要留下来加班。回到家洗洗刷刷，抬头看看表已经凌晨了，于是马上睡觉，第二天醒来又是忙碌的一天……

她们就是这样"不敢偷懒，不敢睡懒觉，每天就像上紧了发条的闹钟一样忙碌，没有太多空闲的时间，即便周末有个假期也有很多事情去处理"。她们想结束这种生活，可他们不舍得放弃这份来之不易的工作，怕业绩不好被主管骂，怕表现不好升不了职，更怕被公司炒鱿鱼。于是，恋爱却成了一件奢侈的事情，白领纷纷感慨：太忙了，没有时间谈恋爱。而且有的大公司还禁止员工间谈恋爱，这就导致有人追求也不敢接受。很多白领之所以成为"剩女"，她们要求高只是一方面，而没时间谈恋爱才是重要的原因。

我们看看这个几个白领的故事：

A小姐今年27岁，硕士毕业，现在为某外企的文秘，每月有6000多元的收入，至今没有好好谈过恋爱。她说："我在写字楼上班根本没时间跟外界交往。我们经常晚上加班到十点多，周末也很少休息。能接触到的男人都是公司里的领导和同事，再者就是客户，跟同事恋爱会被开除，跟老板谈不上，跟客户也没可能，所以一直拖着。"

B小姐在一家公司的销售部门工作，她早上6点就起床，简单打扮一下就出门，她去上班的那段路经常堵车，她必须提前一个小时走。到公司后简单吃一些面包、牛奶当作早餐，9点时开始一天的工作，她的工作是忙碌的，经常穿梭在各个部门之间，有时候还要出去见客户。中午12点时，她从写字楼里蜂拥而出，在周边找个餐馆解决自己的午餐问题；半个小时后返回工作休息会儿，到下午1点半左右继续工作。下午5点半拖着疲惫的身躯奔向车站，等车，挤车，等到回到家时已经快晚上7点了，再顺便在超市买些菜，晚上煮饭。吃完饭后洗衣服，之后上网。一天的时间就这么过去了。而到了周末，她还报了一个培训班，不想被职场淘汰，所以要充电。

她曾经有个男朋友，是大学时谈的，可他在城市的另一个方向，平常见面的次数很少，再加上B小姐不是很上心，男朋友后来移情别恋爱上了另一个漂亮女孩。B小姐很伤心，也不想再花时间寻找新的恋情，就一直单身着。很多时候一个女人住一间大房子是寂寞的，可忙碌的工作让她无可奈何。

C小姐学的法律专业，她凭借专业知识，经历层层考核进入了全球四大会计师某事务所，开始了她的审计生涯。审计的生活是紧张而乏味的，尤其是在这家外企，每天除了加班就是加班，仿佛没有让人喘气的时间，更别说偷懒的时间。进入会计师事务所之前她基本每天能保证8小时睡眠，进来才知道什么叫睡眠不足，有时候睡眠不足5个小时。如果难得有一天晚上不加班，她会站在大街上发呆，不知道脚步该往哪个方向挪。除了加班，她还要出差。去年一年，她有80%的时间都在出差。碰到难缠的项目，一般要在外地呆一两个月，甚至两三个月。

她十分渴望爱情，但工作无法为她挤出恋爱时间，期间有个男人追求过她，可两个人约会吃饭，C小姐却常常因为工作上的事情爽约，结果那男人没了追求她的激情。

工作很重要，这点没谁会否认，千百年来，人们必须通过劳动才可以获得生存的机会，可是当一个人的生活只剩下工作时，那么她赚的钱再多也是不快乐的。对于职场的女性来说，你应该在忙碌中要学会放松自己，学会快乐生活。工作不是你的情人，你要在忙碌的间隙里关注一下自己的感情生活。如果你以忙为借口不谈恋爱，你在成为"剩女"的同时，青春也在老去，就像我们在上节中介绍到的那样，等有时间恋爱时，却找不到合适的。所以，忙也要考虑自己的个人问题。

你可以听听的建议

1. 别拿忙当作借口，给恋爱一点时间。

忙，不是你不谈恋爱的借口，很多时候你是拿忙来搪塞父母，或是拿忙来逃避感情问题，你真的没有时间吗？我想未必，时间总能挤出来的，就看你愿不愿意把自己的时间拿来投资感情。平常不要总一个人宅在家里，不要沉迷网络小说，不要用恋爱的时间去"偷菜"，不要周末睡得天昏地暗，不要下班就疯狂逛街买东西。如果遇到合适的人，就给对方一个机会，也给自己一点放松的时间。当你有了爱情，无论工作多忙碌，你都是充实快乐的，爱情就成为你工作的调味剂。如果确定了结婚对象，你也没了"剩女"的忧虑。

2. 爱在你的身边，不要冷落了深爱你的人。

你可能有一个深爱你的人，或许他就在你的身边，但忙碌的你总是把所有的时间用在工作上，给予爱情的时间太少，对工作比对男朋友还亲，这样男朋友会吃醋的。感情是需要培养的，不要觉得男人答应爱你就会死心塌地，你若冷落了他，他对你也不会太热心，如此下去感情会出问题的。或许他不在你的身边，忙碌的你很少和他联系，总觉得距离是种美，可距离也容易让人产生陌生感。你应该多些时间经营和管理自己的爱情，无论多忙，发个短信问候的时间是有的，无论多累，在周末的时候陪他出来玩玩也是应该的。

3. 不要因为忙就把爱情一直拖下去。

有了爱情不等于就有了婚姻，也不意味着每个人的爱情都会开花结果，在爱情的道路上充满了无数的变数，爱情很难拴住男人的心，而婚姻则可以让男人承担不背叛你的责任。所以如果确定了恋爱关系，不要因为忙而拖着不结婚，拖的时间越长爱情就越容易出问题，在你们感情很好的时候，就考虑一下婚姻大事吧。

4. 没时间相亲就上交友网站。

有的职场女性没有那么多的时间去相亲，而且觉得很麻烦，在这种情况下，我们建议可以到婚恋网站上试试。现在，由于工作时经常上网，许多白领将目光投向网络。在本地的一个婚介网上，生于 1972 年至 1980 年的年轻人成了征婚主

力。在网上选择范围大，你可以按照自己的要求去寻找符合你条件的优秀男士。然后通过聊天、视频等方式慢慢了解，如果你们都感觉不错，可以约个时间见面，觉得不行就再找。一个白领这样说："到婚介所要浪费时间，网上征婚在家里就可搞定。"不过，在网上找虽然方便，但受骗的可能也大，你必须选择正规的网站，不盲目相信任何一个男人。

圈子里不要都是女人，男人气息不可少

小薇从小是个乖乖女，在家里很听妈妈话，从不和陌生人说话；在学校里她很听老师的话，努力学习做三好学生，不谈恋爱，不逃课。在青春年少的岁月里，她曾经暗恋过一个男生，他阳光帅气，活泼开朗，成绩优秀，还多才多艺，是大家公认的"班草"。但小薇坐在男生的前面，他们却很少讲话，他们之间的交往只局限于借个橡皮，帮人传个纸条之类的。后来，这个男生向她表白，说要追求她，小薇明明渴望一场恋爱，明明喜欢这个男生，却拒绝了，她怕影响学习。

小薇考入大学后学的是文秘专业，她原以为进入大学后就可以谈一场恋爱，可她们学校女生多于男生，在她们班上只有可怜的 3 个男生。再加上小薇比较内向，不敢和异性交往，因此四年里小薇一直都处于单身，爱情的季节迟迟没有到来。她平常都是和自己的宿舍姐妹在一起，一块儿吃饭，一块儿逛街，一块儿旅游。几个女孩子都没有男朋友，但她们过得很快乐，还约定毕业

后还在一起。

几个女孩毕业后真的没有分开，她们在城中村租了一间房子，开始了她们的"蚁族"生活。小薇连续换了几份工作后，在一家文化公司稳定下来，其他女孩也陆续找到了工作。虽然工作了，但几个女孩依然过着大学生般的生活，平常下班之后都在一起，还没哪个女孩打算要恋爱。但一年后，有两个女孩相继搬走了，她们都找到了男朋友。于是房间里只剩下小薇和另一个胖女孩，她是单身主义者，没想过要恋爱。

看到身边的女孩都恋爱了，小薇对爱情的渴望再度强烈起来，可她的生活圈子里太小，除了和女生交往，她几乎很少和男性在一起。在这座人口密集的城市里，单身男性一大把，可小薇都接触不到，而且他们公司里只有4个男同事，其中两个四十几岁，有老婆和孩子了，另两个年轻的都有女朋友了，她也不会插足的。即便后来有新同事追求她，也不是自己喜欢的类型，没有选择的范围。

后来，小薇慢慢适应了这种单身生活，找男朋友的欲望就没那么强烈了，几个女孩在周末的时候还会在一起玩，小薇觉得和她们在一起很快乐，而且和胖女孩相处得很好，两个人就像恋人一样，彼此产生了依赖感，看不到对方就会很失落。久而久之，她甚至对异性失去了兴趣，有几次很好的缘分都被她错过了。

几年后，小薇还在那家公司，公司里还是那么几个人，胖女孩还陪着她一起单身，然而有一天胖女孩突然决定去另一座城市。当最"亲密"的人走后，偌大的房子里只剩下她自己，她发现自己是多么不舍得胖女孩的离去，很不适应这种生活，那是一种想念后无边的寂寞和空虚。她不知道自己是否有"那种"心理，她只知道自己的生活里已经少不了胖女孩的存在。在朋友的建议下，她接受了心理医生的辅导。医生建议她减少对女性圈子依赖性，尝试去多接触异性……

　　小薇是否有"那种心理"这里不适合讨论，但这种心理的产生与她所生活的圈子有很大的关系。在她的生活里都是女性，很少和男性接触，对女性有种天然依赖感。在中学时，她不敢和男生交往，在大学时，想和男生交往了却迟迟等不到男生的追求，只能天天生活在女生的世界里，工作后依然如此。由于生活的圈子小，除了公司里那几个同事，她生命中的大半时间是和女生在一起的。

　　如果一个人天天生活在同性的世界里，缺少异性的气息，那么会对她的心理、性格、甚至性取向都产生影响，比如小薇在女性圈生活久了，她对异性的渴望就不会那么强烈，还会冷落男性的追求，比如一个天天在男人圈的男生在女人面前会性格特别腼腆，甚至找不到快乐感，比如一个人过于依赖同性的圈子，他的世界就会拒绝异性。

这种危险的信号应该引起女性的警醒，在大城市里，很多职场女性的生活的圈子真的很小，就像故事中所描绘的那样，公司里就那几个男性，你很难接触到更多的男性，选择的机会少，范围更小，这种情况导致她们单身，把过多的时间用在同性身上。

《重庆晚报》在曾做了个调查，结果显示，"交际圈子比较窄"是制造"剩女"最主要的原因之一，所占比例是48.5%。她们苦于无缘结交异性，平时家里、单位"两点一线"，交往的圈子狭窄，生活里基本上和男性没有接触。

在某公司任财务主管的单身女性表示说："因为生活区域和环境所限，所能认识的就那么几个人，大大限制了择偶范围。"

另一个女性说："在我的身边根本就没有可以发展的男性。现在我已经是'剩斗士'，成为'必剩客'和'齐天大剩'大概也是不久远的事情。"

某职员小童也说："每次回家，父母都要问我的个人问题，但在青岛没时间扩大社交面，认识的人也不多，找对象谈何容易？"

另外，如果你平常缺少和男性交往，只呆在女人堆里，你就会失去和男性交往的技巧，不知道该如何与异性相处，甚至在与男性相处中会出现紧张、恐惧、不自在的情绪。比如下面这个故事：

小王所在的办公室都是女生，大家交往起来很自如，她一点都不感觉拘束，可是自从部门来了位男同事，小王总觉得自己说什么做什么都不自在。之后，经常在那男同事面前说不出话来，偶然因工作与对方接触，会感觉非常紧张，脑中一片空白。她就算坐着也觉得不安，好像自己做什么都会出丑。为此，她实在觉得难以在原部门工作，申请调换了部门。她说，上高中后，她和异性接触感觉越来越紧张了，还呼吸急促，总感觉别人盯着她的脸看，研究她的五官，越是这样想她越觉得难堪，更不愿意接触了。家里人都催着她找男朋友，每次相亲都很痛苦。

可见，过于依赖女性圈子对自己很不利，还会让自己逃避与男性的交往。职场女性要想改变这种现状，就要学会与男性交往，多些男性朋友，经常参加一些交友或聚会活动，走出单一的交往圈，减少对女性圈子的依赖，去接触更为广阔的社会，并给追求你的男性机会，让自己的感情世界不再荒芜。

你可以听听的建议

1. 减少对同性的依赖性。

我们前面已经讲到过于依靠同性朋友需要警醒的地方，这就要求你应该减少对同性的依赖性。平常的生活中，不要天天都和女性在一起，减少在一起的时间，多点和男性相处的时间；如果遇到什么难题，别总找女性来帮助，你也可以请男性帮助；在心理上，你应该理性看待同性关系，不能拿恋爱的方法对待同性。

2. 多接触一些异性朋友。

女人长大后，生活里少不了男人的气息，无论在心理还是生理都如此，一个健康的女性是不会拒绝和男性交往的。所以，如果遇到自己喜欢的男性，可以试着发展恋人关系，不喜欢的也可以做朋友。通过与男性相处，你才能减少对女性的依赖，并建立正确的性取向，理性在女性和男性之间相处。

3. 掌握与异性交往的技巧。

人与同性和异性交往是不同，该说什么，不该说什么，能做什么，不能做什么，有什么要注意的等等，这些都需要技巧。同时，你要掌握与异性交往的分寸，对你不喜欢又不熟悉的男性，不要表现的过于亲密，这样容易给对方造成错误。最重要的是，不要随便相信男性，要有自己的怀疑和坚持的底线。

4. 珍惜缘分，别让它从你身边悄悄溜走。

在小薇的故事中，由于她过于依赖女性的圈子，使她忽视了身边缘分，有时候还拒绝恋爱。如果长期这样下去，你是很难交到男朋友的。你应该珍惜你身边出现的缘分，给那些追求你的男性一些机会，别让缘分从你身边悄悄溜走。当属于自己的爱情到来时，就大胆抓住它，不逃避，不退缩，多些对感情的敏感度。

5. 扩大交际面，多参加一些社交活动。

很多人抱怨交往圈子太小，接触不到更多的男性。其实，圈子不是别人给予的，而是自己去建立的，当你在自己的圈子里认识不到好男人，你可以到朋友的圈子里找，朋友的圈

子没有，朋友的朋友圈里说不定有。因此，你要走出自己的
小圈子，扩大交往面，多参加一些聚会、活动之类的，这样
既能获得生活的快乐，也能多认识一些男性朋友。

高处不胜寒，走下"神坛"恋爱吧

　　说道"剩女"，我们在狭义上是指那些没结婚的女白领——"3S"女人，她们的年龄在25岁~35岁之间，高学历，有思想有品位，懂得高雅生活，收入高，经济独立，不会想着傍大款，而且长得漂亮，有气质，比普通女人显得高贵等。

　　男人内心中是十分渴望得到这样的女人，对她们有种天然的欣赏和崇拜感，但大多数男人都不敢高攀，觉得她们条件太好，架子大，要求高，给人一种高高在上的感觉，让男人望而却步。于是，男人就称她们是"女神"！

　　男人宁愿选择一个条件差的，文化水平低的，也不愿找一个"女神"做老婆，因为"女神"不仅会给男人巨大的压力，让他有种抬不起头，必须仰视的感觉，还会让男人心理特别不平衡，除非这个男人比"女神"的条件好。

　　"女神"看上去很美，但高处不胜寒，她们是孤独和寂寞的，十分渴望有一份爱情。在她们拥有年龄优势的时候，握有选择权的时候，选男人选得过细过精，结果是没选到。当她们年过了而立之年，被别人选的时候，依旧端着架子不肯放下，依旧把自己放在高位。这种心态让她们很痛苦，她们常常会抱怨说："难道优秀是种错误吗？"于是，"女神"们不得不走下"神坛"去恋爱。这样的女性生活中很多，我们看这个故事：

　　韩放是个东北女孩，父母都是中学老师，长得很漂亮，性格开朗，人如其名，还有点男孩子的野性，她曾经在给一个笔友信中说长大后要做个女强人。事实上，她在学校里的确不一般，中学里她一直是班长，学习成绩每次都在全校前五名，进入大学后，她进入学生会，成为了副主席。在学生会她的能力得到了充分的展现，很多工作都做得井井有条，让那个男生主席都有危机感了。

　　除了能力，她的学习成绩也很出色，每个学期都能拿到学校的奖学金，她还多才多艺，是学校里的明星人物。不过这种优越感让她有些清高和自傲，自认为是这个学校里最优秀的女生。她看不起那些天天吃喝玩乐的男生，也瞧不上那些到处拈花惹草的富二代。她喜欢那种积极向上，又特别有才的男生。面对这种优秀，心气又特别高的女生，许多男生都不敢追她，大概是怕她拒绝吧。后来，一个中文系的才子成为了她的男朋友，这男生经常在报纸上报表文章，还会写十分优美的情诗。

　　大学毕业后，男朋友去了北京寻找梦想去了，韩放却没有急于找工作，而是选择了继续读研，她觉得这样自己才可以学到更多有用的知识，从而获得好的发展。

研究生毕业，她去了上海，对于她而言，只有上海这种现代化的大都市才能实现她做女强人的梦想。

起初她的求职道路不是很顺利，在上海她只能做一名普通的白领，很难进入管理的岗位，自己的专业和能力无法全面发挥，有种怀才不遇的失落。正在她抱怨的时候，她的家乡吉林四平某民营企业招聘行政部经理，要求研究生学历。韩放经过激烈的思想斗争，她带着不舍离开了上海，并带着憧憬和野心回到了家乡。

韩放顺利通过面试，那家企业虽然无法和国际化的大公司相比，但给了韩放一个展示能力的平台，而且薪水也很高。有了这个平台后，韩放十分努力工作，在很短的时间就向企业证明了自己的能力，业绩非常突出。

由于忙于工作，韩放忽视了自己的感情问题，她那时很少和男朋友联系，两个人的感情渐渐淡漠了，后来两人便分手了。在男朋友看来，韩放过于自傲，总是以一种高高在上的姿态告诉他人生该怎么走。男朋友觉得两个人不现实，他无法让这个女人满意，也无法达到她要求的那种高度，就退却了。

分手后，韩放一直没有再找男朋友，几年过去了，她已经快30岁了，成为了"剩女"中的"女神"，家人劝她找个男朋友结婚吧，不然以后再找就不容易了。其实在公司也有追求她的男性，可韩放都看不上他们。首先是同级的或比自己低的男性，她觉得人家太俗，难以征服自己的心，其次领导层的富二代，她觉得人家是暴发户，没气质，没涵养。以至公司里的男人不敢追求她，下属更没有这个"非分之想"了。

然而，家人却不把韩放当"女神"，妈妈抱怨说："一个女孩子能力再强，工资再高，也得结婚找对象呀。"无奈，韩放在家人的安排下不得不相亲，可每次都把别人吓得不敢第二次约她出来。在相亲前，她总是先亮出自己高级主管的身份，然后再说说自己的收入，还会说一堆理想男性的要求。更让对方难以接受的是她老是以一种主管的姿态与人交谈，给人是感觉不是在相亲，而是在接受面试和拷问。男人们觉得，这样的女人若是做老婆会过于强势，担心在家中会丧失话语权。而那些成功人士也不满意韩放，虽然是很优秀的女人，但缺乏女人的温顺，更对她的高姿态不屑一顾。

妈妈见韩放这样，就生气地说："别把自己摆在太高的位置上了，我们可不想看到你一辈子单身下去。"韩放这时也意识到了自己的问题，再加上她不想让家人天天为自己的事情操心，她自己这个"女神"该走下"神坛"了。她开始调整自己的心态，准备好好找个能过日子的老公嫁掉自己，哪怕他没自己优秀。

没人会否认韩放的的优秀，但她却把自己摆在一个很高的位置上，拉开了与男人平等对话的距离，成为男人可望不可即的"女神"。这就导致了她在大学里没男生敢追，导致了她和初恋情人分手，导致了公司里男性她都看不上，还导致了在相亲时吓跑很多人。然而，她在最后意识到了自己的问题，打算走下"女神的神坛"，放低姿态，好好去寻找自己的爱情和婚姻，这是明智的。

虽然我们不知道后来的故事怎样，她有没有找到适合自己的老公，但我们相信只要韩放把自己当成一个平常的人，不把自己摆在太高的位置上，用平等的方式和男性交往和相处，那么定然有很多男人会喜欢她这样优秀的女人。

你可以听听的建议

1. 别拿自己当"女神"，你只是平常人。

无论你处于什么位置，你都不要清高、自傲，你只是比其他女性学历高些，长得漂亮些，聪明些，有气质些，薪水高些，除此之外，你们都是女人，都是平等生活在这个世界上。当你把自己当成"女神"时，就是把自己与其他人放在一个不平等的位置上，没哪个男人会把你当神一样供着，这对男人是不公平的。你应该放下架子，把自己当成一个平常人，像平常的女孩一样和男性恋爱、结婚、生子、相伴到老，在这种心态下，你所具备的优势才能变成一种真正的美。

2. 走下"神坛"，给男人追求你的机会。

因为你过于优秀，因为你的条件太好，导致男人都不敢追你，也许你根本没有把自己当"女神"，也没有把自己放在太高的位置上，可你的优势会给男人很多错觉，比如怕你瞧不上他，怕你冷漠他等。男人不敢追你，难道你就甘愿这样做"剩女"吗？不，你可以给男人追求你的机会，有直接的也有含蓄的方式。直接的可以告诉对方你不会那样清高，或者通过第三方告诉对方；含蓄的可以通过与对方的相处，让他感受和了解你是怎样的一个人。当男人没有了顾虑后，他就敢鼓起勇气去追你。

3.学会照顾男人的自尊和面子。

男人都是有自尊和面子的，特别是面对一个强势女人或是比自己混得好的女人时，他的这种感觉会特别强烈，会有种抬不起的感觉。男人不仅会在你的面前觉得没面子，在周围人面前也会觉得没面子，他可能表面上不说，但在他的内心深处多少会有的。所以，你在与男人相处中，不要处处展示自己的优势，也不要在众人面前批评他们没有你厉害，你应该照顾男人的尊严和面子，学会尊重他。

走出校门后，给你的恋爱限定有效期

恋人们一直在说"爱情不在乎结果，只在乎彼此拥有的过程"。这句话没有错，爱情本身是没有目的，但并不意味着结果不重要，也不意味着爱情不需要结果。

带着那种观点，有些人不拿婚姻当回事，有些女人只想恋爱而不想结婚了，并把这当成一种时尚和潮流。看到那么多人早早地嫁掉自己，她们会不屑一顾地说："结婚烦，再说，很难挑中合意的，随便找一个，又觉得没意思。"还有的说："喜欢的男人多，不知道自己爱谁多一些。再说，结婚后，只守一个男人多无聊呀，还不如'只恋爱不结婚'好呀。"然而她们在享受爱情的过程中，自己的青春和优势也在慢慢消耗，等想结婚时已经人老珠黄，那时你再说"不在乎结果"就有气无力了。

有的时候，那些痴情女人也会把"不在乎结果，只在乎过程"这句话挂在嘴边，她们明明知道男人不喜欢自己，明明知道男人没有认真对待这段感情，明明知道一厢情愿的爱是没有结果的煎熬，但她们却无怨无悔去爱一个人，甚至这辈子只爱他一个人，无论他离开自己，还是有老婆和孩子都不放弃。但是，爱情是不能勉强的，痴情既是对自己的不负责，也会给别人带来烦恼。

还有的时候，"不在乎结果，只在乎过程"是坏男人、风流男人、薄情男拿来欺骗傻女人的谎言，是在给女人进行洗脑。这些男人有的并没有打算和你结婚，还有的没有用负责任的态度和你好好地谈场恋爱。他只在乎你的青春，你的身体，只在乎他自己的快乐和自由，等你想结婚时，他们总会找出各种理由敷衍你，让你再等等，可这一等就让多个"有效期"变成了"无限期"。

有一天他厌倦了，有一天你容颜不再了，他却拿出那句话劝你分手，没多久竟然爱上了另一个漂亮女孩，他继续会把那句话说给第二个傻女孩听，直到第三个、第四个……而你却失去了青春和找个好男人嫁掉自己的机会。

我们看这个故事：

我叫刘芸，今年32岁了，还是个未婚女人。我曾经痴情地爱过一个叫林雷的男人，这个男人一次次说要娶我，却一次次变卦，直到我不漂亮了，他才告诉他并没有打算和我结婚。经过这场恋爱，我终于明白了女人的爱情是有期限的，不能去傻傻地爱一个根本没打算对你负责的男人。

其实，我不是一个漂亮的女孩，但在大学里却成为了林雷的女朋友。林雷是学生会主席，阳光又有才干，是学校里的风云人物，很多女生都喜欢她，有过好几次恋爱，而且都是校花级别的。可不知道他那时为何选择一个平凡的我，后来他告诉我说："那是你的单纯，你的平凡，你傻傻的可爱。"我想正是这些"优点"才让我被这个男人欺骗了这么多年，这也是为何男人都喜欢"傻女人"原因。

我后来才知道林雷是个花心的男生，不仅和学校的很多女生有绯闻，还和曾经的女朋友经常约会。他从来不拒绝跟漂亮女孩来往，只要有女生邀约，他都欣然规往，至于他们有没有做什么我不清楚，但他有着太多我不知道的秘密。

那时我曾提出分手，可林雷却说他真正爱的人是我，只有我才是他的正牌女友，还信誓旦旦地保证会爱我一辈子，我相信了他的话，继续做他傻傻的女朋友。因为我内心里是十分自卑的，觉得这么优秀的男人愿意爱我是种幸运。我真的很爱他，为了他我付出一切，包括我的初恋，我的初吻，我的第一次……

大学毕业后，我们留在了这座大城市里，我们都没有找到好的工作，在最初的几年我们"蜗居"在地下室里，当别的女孩都找富男友的时候，我却陪着这个穷男人吃苦。经过努力，他做了某公司销售主管，而我也找了月薪3000元的工作。有了足够的钱，我们搬进了小区，生活水平提高了不少。

那时我已经 25 岁了，在我们家乡，这个年龄的女孩子都嫁人了，每次回家母亲都问我和林雷处的怎么样。我都是说过些年再说来搪塞家人。我那时还没想过结婚，林雷也经常在我面前说："只要两人心中有爱，结果就不那么重要。"这句话当时很多恋人都在说，我身边的一些姐妹也这么认为。所以，那些年我没有要求林雷必须给我婚姻的承诺，只要他对我好，真心爱我，即便最后分手也无怨无悔。

然而有了钱的林雷并没有认真对待我们之间的感情，他经常去夜店，还经常和一些同事有暧昧的关系，可气的是他对这竟然没有愧疚感，还是重复大学时代"他真正爱的人是我，我才是他的正牌女友"之类的话。我感觉自己被伤害了，既然恋爱只是一个过程，我想该结束这段恋情了。

当我提出分手时，林雷却不和我分手，为了不让我离开，他承诺过几年就和我结婚，让我等两年。我信任了他，等待这天的到来。可两年过了去，当我以为可以走入结婚的殿堂时，他却说："再等等，我现在的工作很忙，没时间考虑这些。"

一年后，我发觉自己终于怀孕了，以为这次就可以结婚了，然后把孩子生下来，组建一个幸福的家庭。但没想到的是，林雷用后来我觉得很假惺惺的话说："打掉吧。我们现在还不适合生孩子。你再等两年，我一定会娶你的。"我的心在那一刻冰冷到极点，我眼中流下眼泪。但我还是忍痛打掉了本该来到这个世界的生命。

几年的时间一晃眼过去了，林雷也当上了公司的副经理，我想他这时该兑现自己的承诺了，然而我发现他对我没那么用心了。有一次我在商业街看见他亲密地挽着一位气质优雅的女孩走，我走上前去想问个明白，没想到那女人却好奇地问林雷："她是谁？你的朋友？"林雷支支吾吾地说："她是我的前女友！"我正要骂他，他却转身对我说："刘芸，这是我的女朋友，我改天再和你联系。"说完便走进了一家酒吧。我看着他们离去的背影，想破口大骂这个没良心的男人，却心痛地说不出话来，只有泪水在不停地流。

晚上，他来到我们居住的小屋，告诉我，他已经爱上了他们董事长的女儿，还假惺惺地说了很多不舍得我的话，并不停地向我道歉。我心中所有的委屈都涌了上来，我从懵懂的少女等他等到30岁，我付出了那么多却得到了这样一个不负责任的结局，我大声质问："你不是说等几年就和我结婚，我等了一次又一次，你这是在骗我吗？"

许久，他才说："我爱你是真的，但我那时并没有想过结婚，只觉得两个人在一起快乐就行了，我说想和你结婚，只是不想让你离开我……"

我不停地哭泣，那颗等待的心已经变得冰凉。我终于明白了，这个男人为何会选择我，那是我傻，我单纯，我

容易被他的谎言欺骗和洗脑，我只是他不会变心的女朋
友，一个可以照料他的生活，可以随时满足他生理需求，
能陪他吃饭睡觉的傻女人。我决心马上嫁掉自己，不再相
信男人爱情的谎言，我只希望找一个能陪我过日子男人。

读了这个故事，女孩应该明白，你可以在青春年少时不
考虑明天地爱上你心动的男生，但当你走出校门后，你就应
该给恋爱限定有效期，也给男人一个有效期，因为恋爱不等
于爱情，它只是个彼此了解的过程，是有期限的。

而且，女人不同于男人，你根本玩不起爱情，男人可以在
40岁还是一朵花，而女人在40岁则会成为一朵枯萎凋零的花。
在有效期内，你没有那么多的时间去等待，没有那多的时间去
享受没有结局的爱情。

因此，不要觉得你的青春还很长，可以无限期地爱一个男
人或是不断尝试新的爱情，也不要等待着男人会对你负责，你
应该先学会对自己负责才行。当你觉得男人不值得爱，当痴情
根本没有结果时，当男人一次次欺骗你，就不要再傻傻地爱一
个不该爱的男人了。快快去选择一个真正爱自己的人，去选择
一个适合做老公的男人才是最重要的。

你可以听听的建议

1. 不要像男人一样不在乎那张证。

你可以跟着穷男人吃苦，可以"裸婚"，可以不举办婚礼，

但不要像男人一样不在乎那张证（结婚证）。结婚虽然只是一个形式，但却是男人对女人的一种尊重，男人若真的爱一个女人，真的想为她负责，就会告诉她："我们先领证吧。"

2. 别太迁就男人，给他一个期限。

不要太相信男人的承诺，说什么会爱你一辈子，很多男人的诺言都是爱情的甜言蜜语，你可以信，但不要傻傻去等待这天的到来。就像故事中的林雷，他一次次地承诺要娶刘芸，但却一次次地敷衍，如果不给这样的男人一个期限，受伤害的就是自己。因此，你应该给男人一个期限，给自己的等待一个期限，这既是对自己负责，也是对男人的警醒。

3. 拒绝男人的爱情洗脑。

男人如果不想对女人负责，或是只想和她同居不想结婚，就会用"不在乎结果，只在乎过程"之类的话给那些单纯的女孩洗脑。所以，无论什么时候，你都要有自己的爱情观，学会判断，拒绝爱情洗脑。

4. 他结婚了，就放弃吧，你做不起第三者。

生活中有些痴情的女人，当她认定爱一个男人的时候就不会放弃，即便这个男人已经有了老婆和孩子，但她们依然愿意爱这个男人一辈子，甚至会插足对方的婚姻，试图把这个男人抢过来。痴情的女人是缺乏理智的，你的坚持不仅会破坏别人的婚姻，还会浪费自己的青春，何必呢？该放弃就要放弃。

第二章 别跟着感觉走，第一眼印象容易出错

苏芮在歌中唱到："跟着感觉走，像风一样的自由！"但是你有没有想到，如果你看不清前面的路，你会迷路的，而且还会栽坑。所以，跟着感觉走有时容易走错路，你必须睁开眼睛去认清每一条道路。在恋爱、相亲中也是如此，你不能凭第一印象就灭掉一个男人，人不可貌相，说不定你会后悔莫及。也不要相信一见钟情，感觉是不靠谱的，这种缘分只存在于千分之一的可能性中。

那些"毒舌"女孩是不适合相亲的

不知道你是否听过这些话：

"你如果戴上一个长头发的假发套，我一定会觉得是孕妇。"（评价一位肚子有点大的男嘉宾）

"我挺喜欢吃甘蔗的，但我不喜欢带甘蔗上街。"

"看完资料发现他是做重体力工作的，我怕晚上他没力气做别的事。"

"这男的说话很讨女孩子厌，真想拿鞭子抽他，编导能给我一根吗？"

"他看起来那么小，我们走在一起，别人会以为我拐卖他。"

"你三十岁，可你穿的衣服好像是十三岁，衣服是廉价的衣服，你对我们不尊重。"

听到这些话你未必奇怪，也许很多女孩在闺中聊天的时候，会这样毫不留情地评价一个男士，因为对方不在场，因为你是在私密的场合发表看法，这些都是真性情的表现。但如果这是女孩们在电视舞台上对男嘉宾的评价，你可能就会奇怪了。而且往往是男嘉宾一上台，一些女孩仅凭自己的第一印象就说出这样刻薄的话。

没错，上面那些话是国内相亲节目中一些女嘉宾的雷人的语录，仿佛不说两句就很不过瘾。如此具有攻击性的刻薄语言，吸引了大家的眼球，有的女嘉宾还会冒出"脑抽"之类损人词汇。如果有哪个男嘉宾对自己表示不满，很多女嘉宾就会群起而攻之，说这是对女嘉宾的不尊重。至于她们是否尊重了男嘉宾，她们却从来没有想过。给男嘉宾的感觉不像是在相亲，而是在接受女人的批判和严刑拷打，不过的确能锻炼男人的抗击打能力。

而且，一些相亲节目每期的内容都十分精彩，具有冲突性和戏剧性，我们好像不是在看相亲，而是看一场精彩的电视剧。于是，很多网友开始质疑相亲节目的真实性，说节目在造假，说那些女嘉宾是找来的托，比如很多女嘉宾都是半红不紫或小有名气的模特、网络红人、酒吧歌手，还有某某音乐学院的多个学生等等。

她们都善于说，都善于表达，更善于在镜头面前展现自己的个性。更可疑的是，一些女嘉宾后来都成为了名人，开始频繁参加访谈，做客栏目，有的出场费比明星还高。对于这些，我们作为局外人有资格质疑，却没资格去否定它。

可能我们多虑了，可能这真的就是一场相亲真人秀，无论她们出于什么目的,这些女嘉宾的话的确使得节目火爆度不减,话题不断,爽了她们自己,也爽了我们观众的好奇心,以致每个男嘉宾上场后,我们都期待着女嘉宾会如何"毒舌"男嘉宾,而恰恰这个时候,主持人总能找对想要说话的女嘉宾。

也许,女嘉宾很享受那种居高临下去评价男人的快感,她们很乐于在这样的舞台上去表现自己。对此,作家木子美说:"做一个毒舌妇是很过瘾的,刻薄出众者还招来粉丝无数,因此有的女嘉宾不以结亲为荣,而以上节目挑刺为瘾。"

但制作方对此解释说:"我们每天报名人数很多,编导一天要看100多份资料,一周加起来五六百人,节目组肯定要有所筛选,一般都会挑选表达、表现力比较强的人。在一个出彩嘉宾的背后,就是100个人的面试。现在女生和男生的语言表达能力都很强,也非常愿意表达自己。10年前的相亲节目没落,就是因为表达太含蓄;现在年轻人的特征就是个性,说话犀利很正常。"

情感专家苏芩则说:"既然是电视节目,那我们就该有所认识:娱乐电视节目的第一宗旨是好看。为了追求'好看',它必然要添加很多'作料',这些作料,有可能跟这些参与者的本性是无关的。所以,它更多的是一场'秀',而且,人在面对镜头的时候,会不由自主地去表演、去隐藏。所以,你在舞台上看到的那些女孩们,也许在生活中并不是你想象中的那个样子。"

看的出来，那些来上节目的女孩未必在生活中就这样子，在真实的世界里，她们不会当着男人的面这样表达。熟悉相亲的人都知道，大凡有些头脑的女孩，或者多少有点修养的女孩，无论她多么不喜欢对方，无论多么不满意，都不会赤裸裸地说这些话，更不会看别人一眼，就断然做出自己的结论。

这些话可能是女孩的真实想法，但没几个女孩会当着男人的面说出来，你可以说给父母听，说给好朋友听，说给闺蜜听，到相亲时就别说了。这样说不仅是对男人的不尊重，也是向别人展现一个不太礼貌的你。男人也会把他对你的评价说给自己的朋友听，他的朋友再说给其他朋友听，这样把你描绘下去，你在男人心中不会有一个好形象。

对此，情感专家苏芩还强调："如果是为了拓展交友圈子、给生活以更多的可能性，那么我支持去参与这类活动。如果真是抱着找老公（老婆）的目的，那还是不要抱以太大的期望。"

所以，那些毒舌女孩在生活中是不常见的，她们只存在于舞台，作为女孩不要模仿她们的毒舌感觉，不要在相亲的过程中如此对待男生。你应该低调一些，客气一些，礼貌一些，给对方留下好印象才是你应该学习的。而且，不要在看男人一眼后，就给男人定性，然后就说些刻薄的话。其实，在你没了解别人之前，就没有资格批评别人如何如何。

你可以听听的建议

1. 礼貌客气，懂礼仪。

在与陌生男人相亲时，男人的绅士与女人的举止端庄都是很重要的，这与你和男朋友交谈不同，你怎么损男友他不都不会生气，可你和陌生男人相亲就拿出一副盛气凌人样子，满嘴都是刻薄的话，你一定会吓怕别人的。在相亲过程中，礼貌和客气是不可少的，更要懂礼仪，哪怕是伪装出来的也要做。

2. 别把刻薄当快感，学会尊重别人。

尊重别人不仅是一个人涵养的表现，也是生存法则。相亲过程中，不要幻想着尝试相亲节目中那种做毒舌女的快感，不要开口就是伤人自尊的话，如你第一次见陌生男人就说："你这件衣服在 80 年代一定很流行。""你不会三年没洗澡了吧！"这些带有讽刺的刻薄话，一定会让对方很尴尬。你必须尊重别人才能赢得对方的好感。

3. 注意用词的恰当、规范。

在相亲过程中语言的表达也是很重要的，特别第一次见面，你该说什么话，如何表达才恰当，这些你一定要了解。如："你这人"、"看你这样子"、"你真蠢"之类的话不要冒出来，你说话时应该有个分寸，不该说的就别说，做到用词恰当、规范。

4. 说话不要带有攻击性。

相亲不是碰到一起吵架来的，你说话要友善，可以讨论，可以阐述你不同的观点，但不要主动去攻击别人，不要为了某个话题不和就与对方争论，不要把对方说得无言以对才肯罢休。那样不利于两个人的了解。

相亲不是选"快男",别挑剔人家的形象

在上节中,我们讲到某相亲节目的女嘉宾对男嘉宾很"毒舌",而她们的话往往集中在男嘉宾登台后对其外在形象的评价上。通过认真观察你会发现,这些女孩对男嘉宾的外在形象很挑剔,甚至到了苛刻的地步,一点小小的瑕疵都是他们不能容忍的,给人的感觉,这些女孩好像不是在选择男朋友,而是再给《快乐男生》或许是《加油好男儿》当评委,她们对男嘉宾的外在形象极为关注。

在节目中,当一个男嘉宾上台,主持人询问对其有何第一印象时,于是,女孩们对男人的形象畅所欲言。如说他太胖,带不出门见不得人;说他太瘦,薄如相片风吹得倒不能给我安全感;说他太高,不能映衬出我的美艳;说他太矮,难道要我一辈子穿不得高跟鞋;说他太土,衣服不搭裤子裤子不搭鞋子;说他太潮,潮得招凤惹蝶让我放不下心;说他年龄太小,还只是婚恋市场上的半成品;说他年纪太老,我可不愿牵着怪叔叔上街……

除了胖瘦和服装外,有的男嘉宾上台只是摆了一个很多年

轻男生都爱做的造型，就给无情的灭掉；有的人唱了一首歌，只是跑调了，就被无情的灭掉；有的上台只是拿了一些道具，被无情的灭掉。

对此，节目心理专家还总结了男嘉宾必死定律：

1. 奇装异服。什么是奇装异服，比如说穿工装，穿着太空人的服装，和带着牛仔帽的，必死无疑。

2. 手拿道具。什么叫手拿道具，拿蛋糕的、手里面拿鲜花的，必死无疑。

3.pose 出场。什么叫 pose 出场，所谓 pose 出场就是他出场的时候在电梯里就"嘘"，而后出场就"哇"。

编者想说，"穿奇装异服、拿道具、pose 出场"在电视节目的舞台上是很正常的，既然是舞台，就该给男嘉宾表现的机会。这些男嘉宾未必在生活中就这个形象，没哪个男的会傻到在现实生活拿道具、穿奇装异服去约会，为何女嘉宾特别挑剔男嘉宾的舞台造型呢？

形象很重要，这点没人去否认，无论在求职、商务谈判、聚会、外事活动、男女相亲中都必须注意的自己的形象。但是外在形象不是判断一个人的标准，除了外在形象，你还应该去考察对方的内在的东西。

外在形象只是给你了解对方一个参考，一点形象上的瑕疵不足以说明这个人有问题，有些人形象不太好，可能是他准备不充分，或者是没有注意到。这些都不重要，重要的是他适不适合做你未来的老公。女人选择老公是有硬指标的，仅凭男人一时的形象是很难观察出来的，所以不要在男人形象上挑刺。

有时候，很多男人的完美形象是他们有意装扮出来的，不代表他们真实的内心，不代表他真实的性格，有时候他还会掩饰自己的缺点和龌龊的地方。那些看上去很美的人，他们的内心未必是美的，那些外表邋遢的人，说不定他们有颗善良的心。有些人为了提升自己的形象，会参加培训班，找造型师，从而迷惑了不少女性的芳心，但等彼此交往后，这些男人的马脚渐渐露出来，如不讲卫生、邋遢、爱说脏话等，这时你还能后悔和他分手，如果这个男人装到结婚后才原形毕露，那你就痛苦了。

生活中，有很多女孩在相亲的过程中都在男人的形象上吃了亏，经历一次次的形象欺骗后，她们终于懂得了该如何选择男人。

小美是一家公司的白领，今年26岁了，由于忙于工作没有多少时间顾及自己的感情问题，白天在公司里她是个勤快能干的好员工，下班后和周末就是一个喜欢呆在家里的"宅女"。她一次参加同学的聚会，看到很多姐妹都带着自己男朋友，只有她自己还是单身，而且那些男的还很帅，这让小美很受刺激，很嫉妒别的女孩。

小美想恋爱了，觉得自己过得有些寂寞，闻不到男人的气息，而且自己也老大不小了，家人也再催她，周围的媒婆也盯着她，再不找个男朋友就要成为被人关注的"剩女"啊。所以她必须告别自己的单身生活，她很想找个帅气男朋友，如果找对了就嫁掉自己。小美也喜欢帅哥，不仅养眼，带出去也有面子。再说她的家境不错，收入不错，长得也不错，就想找个在形象上能配得上自己的男人，她不是那种特别看重物质的女人。

到哪找自己的帅男呢？于是，她就让朋友和同事帮自己介绍，可那些男士她都没有看上，觉得他们都不符合自己的标准，很多人形象过于呆板，职业的痕迹太重。父母和亲戚帮她介绍了几个，她也觉得他们形象太差，与自己差距大，不在层次上。

后来，她在一家婚介公司报了名，交了大笔的钱，还向对方提供了个人的基本资料和择偶要求、标准。几天后，婚介公司就安排她和A男见面，该男有些不修边幅，穿着打扮不太讲究，话语不多。小美不喜欢他，觉得不够精致，也谈不上帅，就懒得和对方说话，对方问一句，她就礼貌地回一句。男的后来实在没话了，两个人就坐在那里沉默，之后男的笑了笑，说有事就走了，而小美则大吐一口气说："终于走了！"

一个星期后，婚介公司安排她和B男见面，该男人很热情，说来的话也很幽默，穿着打扮也符合小美的标准，但这个男人长相却很普通，而且在说话的时候表情特别丰富，手喜欢晃来晃去的，让小美觉得怪怪的，总想笑。虽然那天两人聊得很开心，但她还是不满意这个男人的形象，于是她没有告诉对方任何联系方式，让那男的很不解，不知道自己哪里让美女不喜欢。

一月的时间里，她相继和C、D、E、F见面，可她依然不满意他们的形象，在那些男人身上总有一些让小美不满意的地方，不是太胖了，就是太瘦了；不是太矮了，就是太高了；不是太邋遢了，就是太洁癖了。在小美抱怨找不到形象好点的男人时，婚介公司就向小美介绍了一个做过平面模特的型男。小美看了这个男人的资料后，很满意，就答应和这个看上去很美的型男见面。

见面那天，小美苦苦等待着，那型男一出现，小美心里便感叹道：这男人真的是个极品男人！那么有型，那么帅，那暧昧的眼神还有意地盯着你看。无论是他的穿戴，他的发型，还是他走路的方式，都符合小美的标准。而且这个男的还特别能聊，说得小美心花怒放，直呼就这个男人了。

之后，两个人开始交往，还住在了一起。慢慢地，小美发现这个型男却是个好吃懒做的家伙，还经常和漂亮女生搭讪。在生活上，这个男人懒得洗衣服，臭袜子到处丢，还经常把房间里弄得乱糟糟的，他只有在出门的时候才会把自己好好打扮一番。而且这个男人没有正式的工作，只是偶尔给人做兼职模特，平时赚来的钱都大把消费掉了。有一次这个男人可怜兮兮地向小美借钱花，然而小美后来得知这家伙竟然拿着她的钱去泡另一个女孩。小美一气之下就和他分手了，不想要这个"花瓶"男友，还是个里面都是脏水的"花瓶"。

一日，心情郁闷的小美在大街上闲逛，这时有人在后面轻轻喊她的名字。小美蓦然回眸，看见A男拿着李开复的《世界因你而不同》站在那里对着她笑。小美突然觉得男人的笑很美，没有做作，显得特别自然，她突然有了想了解这个男人的冲动。

A男想请小美到对面的一家咖啡厅坐坐，小美这次没有拒绝，带着好奇的心情走进了咖啡厅。男人说他对小美的印象不错，那次见面后觉得很遗憾，一直希望能再次见到小美。还说那是他第一次相亲，不知道该怎么打扮自己，也不知道如何与女孩交流，所以……男人的语调是那么平和，态度是那么诚恳，让小美很过意不去。她笑了笑，一直在那里默默地听男人讲，并细心地观察他。

那天，小美把自己的电话留给了这个看上去不那么显眼，却给人清爽感觉的男人。此后两个人开始约会，通过了解，小美发现了A男身上的很多优点，并且是个积极向上的男人，他的目标就是有一天能成为中国优秀的职业经理人，但不做打工皇帝。

后来呢？小美做了A男的女朋友，再后来，他们结

第二章 别跟着感觉走，第一眼印象容易出错

047

　　由此看来，一个男人的外在形象并不能全面地说明一个真实的他。在故事中，由于小美过于挑剔男人的外在形象，错过了很多本可以多了解的男人，而当她选中了"心仪"的男人后，却发现看上去很美的男人未必真的美，是个里面装着脏水的"花瓶"。后来，她才懂得去多方位考察男人，不再把男人的外在形象作为唯一标准，更懂得了欣赏男人内在的东西，后来她与A男人再度相遇，并成为了恋人和夫妻。

人不可貌相，成功的男人往往外表看不出

有这样一个典故：

> 古代卖油郎秦重爱上有名的妓女花魁娘子，他很痴情。花魁也很喜欢他，为了筹集一夜十两银子的宿费，他拼命节俭攒钱，后来花魁跳出妓院火坑，嫁给秦重做老婆，两人恩爱一辈子。大家都感慨说，真是人不可貌相，海水不可斗量。

这便是"人不可貌相，海水不可斗量"的历史典故，告诉我们不要小看人，那些你看上去没什么，又朴朴实实的人，说不定就是个富翁，那些你看上去没什么出息的人，说不定日后便能功成名就，那些穷小子说不定能娶到大美女。

上节中，我们讲不要挑剔男人的外在形象，也不要过早地否定男人，如果不这样做，你除了会选错对象，找一个看上去很美，实际上不咋样的"花瓶"外，还会导致你对成功男人的判断失误，从而错失你的金龟婿。

这样的例子在相亲节目中已经得到了正视，很多实际上很成功，很优秀，收入很高的男人，却被女嘉宾以"形象不佳"，或是感觉很一般就给无情的灭掉。但人的感觉有时候容易出错的，那些女嘉宾事后常常后悔莫及，甚至央求编导让她的灯亮起来。比如，一个形象比较朴实的男嘉宾上场，某"豪宅女"（自称能闻到男人身上金钱的气息）一眼断定某男嘉宾不会有钱，结果却出乎她的意料，这个男的不仅有豪宅，还有自己的公司，可惜她没有闻到这个男人身上钱的气息。

聪明的女人不会以貌取人，也不会看不起那些不起眼的男人。因为有些成功男人未必像暴发户喜欢显摆自己，你无法从外表一眼就能判断他的真实情况。他们都很低调，不张扬，有时还给人一副穷人的感觉，在吃穿方面都特别节省。比尔盖茨是美国首富，但让世人意想不到的是，这位世界首富竟然没有自己的私人司机，公务旅行不坐飞机头等舱却坐经济舱，衣着也不讲究什么名牌；更让人不可思议的是，他还对打折商品感兴趣，不愿为出租车多花几美元。

如果没人告诉你这个人是盖茨，你很难想象他就是世界首富，如果他来参加节目，说不定会有拜金女会灭他的灯。因此，女人们应该懂得多方位观察男人，不要急于评价，要通过认真了解再做出自己的判断。若是拿不准时，也不要否定别人，给对方一个肯定，说不定就是给自己一个后悔的机会。

林颖是一家公司的普通白领，由于公司里禁止员工之间谈恋爱，所以她一直都是单身。在她 28 岁的时候，她打算给自己找个对象。一次偶然的机会，她在网上认识了 C 某。在网上他们无话不谈，都是单身，渐渐地彼此都有好感。有一天，林颖想见见这个男人，他们约定彼此不说出自己的姓名，也不说出自己的职业，如果见了面都觉得可以在现实中交往，就继续发展下去，如果有一方不满意，就只做网上的朋友。林颖还要求带着自己的一个女伴去约会，她之所以带女朋友，既是为了安全，也是找个参谋。

那天，他们约在一家饭店见面，林颖和女伴早早地就到了，过了会儿，一个骑单车的男人在饭店面前停下。他穿了一件有些旧的白色 T 恤，一条洗得发白的牛仔裤，一双看上去有些过时的旅游鞋，发型也很随意，不过看上去很干净。女伴在一旁说："不会就是这个男人吧？看他这形象，顶多是个小职员，有自行车没轿车，有只能放下一张床的租房，不会有三室一厅的大房。我看人相当准的，你选了她肯定后悔。"林颖没说话，她心里虽然也有女伴的那种想法，但她总隐隐约约觉得这个男人是不可貌相的。

男人很健谈，那天他们聊了很多话题，给林颖的感觉是这个男人知道很多事情，也有着丰富的人生经历，不像一个平凡而普通的人。那次见面是男人主动掏的钱，不过他却把没吃完的菜打包准备带回去，这个举动让女在回去的路上，女伴对林颖说："我就说嘛，这男的够酸的，平时吃饭打包也就算了，请女孩吃饭也打包，也太那啥了，你千万别选他啊。"

林颖却笑着说："人不可貌相，我觉得他不错，有内涵，神秘，而且看上去很有学问。他穿戴不讲究，但干净朴素，他把菜打包回去，说明他是一个会生活的人。我打算继续了解这个人。"

所以，林颖没有马上拒绝这个男人，但也没有马上接受。她告诉男人对他的印象还不错，可以试着慢慢交往。通过进一步了解，她渐渐爱上了这个男人，后来，她才知道男人原来是诗人，目前为一家图书公司的老板，自己白手起家的，正准备上市呢。林颖很庆幸自己当初没有听女伴的话。不然一个好男人就错过了。

更聪明的女人是能判断出一个男人成功的潜力，也许在女人刚刚选择时，这个男人很不起眼，不仅形象不出众，而且还是一无所有的小人物，但女人不以貌取人，把自己的信任投资给这个男人，于是这个男人便成了女人的潜力股。

陈杰是农村出来的孩子，是一个很平凡的男孩，而且个子不高，性格内向，不过，陈杰学习很刻苦，用奖学金完成了大学的课程。他毕业后顺利进入了一家外企工作。几年过去了，当周围的人都有了女朋友，或者结婚生子时，而陈杰仍单身一个，还没有哪个女孩走进他的感情生活。

陈杰知道自己几斤几两，所以他希望能在其他方面来弥补自己的缺陷。他开始勤奋努力地工作，平常读书、看报以增加见识和知识。在人际关系方面，他待人和善，很有礼貌，他要用内涵的美去弥补外表的差。

后来，公司来了一个叫林菲的女孩，她很漂亮，浑身散发着青春和阳光的气息，所有见过她的人都觉得她可爱。林菲的出现给沉闷的公司吹进了一股新鲜的空气，她立刻成为几个男同事的追求对象，陈杰这次也鼓起了勇气去追求林菲，虽然自己没那些人长得帅，没有他们会打扮自己，没有他们高大健硕，但他有信心。

让大家没想到的是，林菲却成为了陈杰的女朋友，大家在意料之余，也觉得能理解，因为这个时候陈杰已经凭借自己的能力成为公司业绩最好的员工，上升的空间很大。的确，林菲除了看重陈平的朴实外，就是看重这个男人未来的潜力，她觉得这个男人能让自己过上幸福的生活。交往一年后，林菲就决定嫁给陈杰，她不以貌取人，不嫌弃他的贫穷，并愿意与他一起去过暂时的苦日子。

陈杰为了让自己的女人过上好日子，发奋努力，他进步很快，两年后成为了公司里的小领导。再后来，陈杰用自己积蓄买了一套两室一厅的房子。搬进新家后，林菲成为房子真正的女主人，忙活着装修的事情，购置了很多时尚的家具，把房间布置得既舒适又漂亮。

很多女孩都羡慕林菲的选择，夸她聪明，找了个当经理的老公，纷纷请教她选择男人的秘密是什么。林菲骄傲地说："选择男人不要以貌取人，也不要只看他的现在，你要看到他身上的潜力！"

不过，并非任何"潜力股"都能成为"绩优股"，你不能跟着感觉走，也不能被男人伪装出来的勤奋和智慧所迷惑，你必须对所选择的"潜力股"有一个判断，只有选对了，今天的穷人才是明天的富男人，否则你看好的"潜力股"永远没有上升的空间。下面这几点是选择"潜力股"男人需要考察的。

你可以听听的建议

1. 这个男人是否有进步的"欲望"和"野心"。

一个不甘于平庸的男人都想通过自己的努力去改变现状，都有"欲望"也有"野心"。这点是能观察的，那些没"野心"的人逆来顺受，容易满足现状，对生活的态度不够积极。不过那些天天嚷着要努力要奋斗的男人未必是"潜力股"，这样的人很多都是平庸的，真正的想成功的人都是说话低调，做事高调的人，你要看准了才能嫁给他。

2. 要富有爆发力和挑战精神。

在考察一个男人时，你要看看他有没有奋斗的激情，他们应该像是一张拉开的弓，沉稳、平静、蓄势，等待着的是挑战和征服。这样的男人，时刻有着一份不断磨砺的激情，他们不怕困难，不怕挑战，无论什么情况下都能够迎难而上。

3. 是否具备成功者的性格特点。

一个人的成功和性格有着很大的关系，然而每个男人的性格都是不同的，诚实或虚伪、勇敢或怯懦、勤劳或懒惰、果断或优柔寡断等等，都被认为是性格特征。在这些性格中，有些性格是优势，有的则是弱点，这些性格都会影响男人的成功。女人在考察男人的时候，要考察这个男人是否具备成功者的性格特点，比如勤奋、执着、坚强、自信、果断、低调、认真、真诚等等。

别迷恋一见钟情，直觉常常不可靠

　　一见钟情，这个词儿意思是指男女之间一见面就产生了爱情，这种被包装得十分神秘的情感在我们的文学作品、电视、电影作品中反复出现着。两人第一次见面就彼此有好感，内心里发出像贾宝玉初次见林黛玉发出的那句感慨"仿佛在哪里见过一般"，并迅速爱上对方，更不可思议的是许多一见钟情的人生活得很幸福，一生恩恩爱爱，相濡以沫……这样的故事被很多人羡慕，被很多人乐道，被很多人幻想着。

　　于是，一见钟情成为人们心中高境界的情感，很多人都在自己的生活寻找着，在地铁里、在火车上、在人流穿梭的大街中、在蓦然回首的瞬间，更盼望它发生在自己的身上。有的女孩甚至达到了迷恋的地步，说自己一定要找到那个让自己一见钟情、一见倾心的男人，否则就不嫁人。

　　一见钟情已经被我们神化了。有人开始怀疑这个世界上是否真的有一见钟情。其实，这种感情存在，但没有什么特别的地方，只是一个几率的问题。在茫茫人海中，有些人适合你，也有些人却不适合你，你能成为某个人心仪的对象，却不能成为大部分人的心仪对象，而那些所谓一见钟情的男女，恰恰是两个彼此适合的人在同一时间同一地点相遇在一起。这种几率至多是千分之一，不是每个人都这么幸运，就像买彩票，总会有几个人能中大奖，大部分都是落空的。

可以说，一见钟情是一种偶然性的存在，我们不要太相信自己的直觉，很多情况下，你觉得那个一见钟情的人未必适合你，说不定到最后还是一个令你十分讨厌的人。你必须明白，"感觉"这东西是不靠谱的，不会对你负责任，它是种缺乏理性的情感判断。

然而有些女人未必这么理性，她们见到心动的男人会天真说，"我的直觉告诉我，这个男人就是我的一见钟情"，于是，她在不了解一个男人的情况下就盲目地全身心投入，放松警惕，无比地信任那个男人，与对方爱得死去活来……这是十分危险的，仅仅靠感觉是很难真正了解一个男人的，你所看到的只是男人表面的东西，不代表一个真实的他。

一见钟情还会成为男人欺骗女人的谎言，那些口口声声说一见到你就爱上你的男人，有很多是在说假话，他不过是想赢得你的好感，或者想拉近与你的距离，如果是个好男人也没什么，如果这个男人是别有目的，那你就有被骗的可能。所以，你要特别小心那些刚认识说爱上你的男人，对男人过度的热情也要特别谨慎。

我们看这个故事：

林雅是个单身白领，平常工作压力大，没空谈恋爱，有段时间，寂寞的她喜欢一个人到酒吧里喝酒、听音乐。除了缓解工作的压力，她内心里也有着小小的幻想，可能是浪漫的爱情小说看多了，她幻想着在这个酒吧里邂逅一个让自己一见钟情的男人。

有一天，有个男人走到她的旁边与她聊天，男人的眼睛很迷人，喜欢盯着林雅看，很有挑逗的味道，却不那么色迷迷的，让林雅有种心动的感觉。男人谈吐大方，能说出一本正经的哲理，又能讲很多逗人的笑话，显得幽默而不低俗，风流而不下流。他愿意默默听林雅倾诉生活中的烦恼，并插科打诨地给林雅一些安慰。那天两个人聊得开心，一直到凌晨两点才回去。她以为这样的男人会向他提出一夜情，但男人并没有任何非分的要求，还亲自送她回家，然后就打车回去了。林雅对这个男人有好感了，盼望着第二天还能见到他。

第二天，她收到了男人的一条短信。上面这样写道：

"很冒昧地给你发了这条短信，内心里有种想和你说说话的冲动。

昨夜，我失眠了，躺在床上翻来覆去的睡不着。不知道为什么，我的脑海里始终浮现你难忘的身影，你的微笑，你的哀伤，你醉眼朦胧时的美丽，这些画面仿佛曾在我以往的梦境里出现一般，让我觉得你是如此的熟悉和亲密。

我发现自己已经喜欢上了你，更确切地说是爱上了你。从见到你的那一刻起，我就确定你就是我今生所要找的女孩，这是一种很奇妙的感觉，难道这就是一见钟情？当然，也许这只是我一厢情愿的单相思罢了，你对我未必有同样的感觉。你是那么的优秀，优秀到我不敢靠近你，你是那么的美丽动人，美丽到让坚信你是最漂亮的女人，你是那么的芳香，芳香到你诱人的气息闯进我的梦境里！

你呢，当你看到这条短信的时候，是否还记得昨夜那个不起眼的男人，是否也曾有过同样的奇妙的感觉。我很想知道这个答案，更奢望着一段缘分的来临。

迟来，也许会有祝福，孤独，默默地等待……"

看完短信，林雅愣住了。男人的文字那么优美和感性，每一句都深深打动着她，并触动了她那孤独和寂寞的内心，让她想马上就出现在男人的面前，来一个热烈的拥抱，她觉得这样的场景比小说更完美。

林雅觉得这个世界真是太奇妙了，自己昨夜对那个男人也不曾忘怀，从见到他那刻起的心动，到晚上睡觉前的想念，她的脑海里一直都被男人占据着，这让她更坚信这就是一见钟情。她想，这就是自己要找的男人。

林雅做出了个大胆的举动，她今天就要做这个男人的女朋友。晚上，两人又相约去了那家酒吧，同样聊到很晚的时间，同样是男人送她回家然后一个人打车回去。

林雅已经放弃了警惕，她觉得这么优秀的男人没有任何值得怀疑的。

到第三天，林雅和男人同居了，房子是林雅的，男人说自己在电视台做幕后工作。过了几天，男人说想辞职创业，林雅觉得这样的男人很有斗志，就支持他。又过了几天，男人说创业还差 10 万元的启动资金，正在急着借钱呢。林雅当时银行里正好有 15 万的积蓄，就想帮一把这个与自己一见钟情的男人。

当林雅把大半的积蓄交给男人后的第二天，他就神秘失踪了，从此杳无音信。林雅报警了，警察告诉林雅这个男人已经用同样的方法骗了很多单身女性。林雅确信自己被骗了，觉得自己很傻很天真，他们从认识，到男人向他表白那一刻为止，还不够 12 小时，这么短的时间怎么就能确定自己喜欢的人呢？"一见钟情"不过是男人迷惑她的谎言罢了，目的就是取得她的信任，进而骗取她的钱财，而男人所表现一切都是在做戏。傻傻的林雅太相信自己的直觉了，错以为这就是自己的缘分，对男人盲目相信，失去基本的理智和判断。她想，她以后再也不会相信一见钟情了。

因此，不要跟着感觉走，不要幻想着要找一个一见钟情的男人，否则你就会被不负责任的"直觉"欺骗，在选择男人时还是要认真考察和挑选。同时，不要太相信男人的甜言蜜语，小心男人也有温柔的陷阱，无论什么男人，在刚刚认识的时候，都要有颗怀疑的心。

你可以听听的建议

1. 爱是需要理由的，别轻易爱上别人。

爱需要一个漫长的过程，感情的培养也需要一个过程，不是每个男人都适合你，适不适合，不是你的感觉说了算，而是理性的观察说了算。所以说，爱需要一个理由，你必须搞清楚你为什么喜欢他，能不能让你喜欢才行。

2. 女人不要丢了应有的矜持。

女孩的矜持不是保守，而是对自己的一种理性的保护，是给你选择和了解的时间。漂亮的女孩会被很多男人追，这么多的男人你不能见谁有感觉、长得帅就答应对方吧。灰姑娘很少受到男人关注的目光，即使有一天有个男人对你特别感兴趣，你也不能感动到马上就做他的女朋友。所以，女人在男人和爱情前保持矜持是有必要的。

3. 闪婚是最危险的婚姻。

当下很多年轻人把闪婚当成一种时尚，觉得谈恋爱太麻烦，于是有的人刚认识几天，觉得一见钟情就闪电般的结婚。若是恰巧选对了郎，婚姻也能过得美美满满，但有的则没那么幸福，蜜月过后，两人的真实一面都暴露出来，性格不合

等不和谐的因素就多了，导致两个人吵架不断，严重的还会出现"闪离"（结婚没多久就离婚）。婚姻不是儿戏，也不是两个人谈恋爱，你必须谨慎对待。

第三章　恋爱、婚前，不要太在乎男人的表现

　　结婚前，女人觉得男朋友哪里都好，结婚后，女人突然发现男人欺骗了自己的眼睛，他们并没有那么好，于是开始不停地抱怨男人。其实，每个男人的在恋爱的时候都乐于表现自己最好的一面，在整个动物界，这是雄性生物们的共性。所以说，恋爱、婚前不要太在乎男人的表现，擦亮眼睛去把男人看穿。

你看到的只是男人最好的一面

很多女孩和婚后的女人都有这样的感触，男人在恋爱和婚前没有什么可挑剔的地方，可以说你看哪里都顺眼，怎么看都满意，找不到任何的缺点，让你感觉这就是天下最好的男人。然而激情过后，婚姻蜜月过后，男人开始大变样，一个真实的男人便暴露在你的面前，让你后悔莫及，所以，在恋爱、结婚前，你看到的只是男人最好的一面。

韩晓菲是学新闻的，毕业后一直没有找到合适的工作，在家里呆了半年之后，就和几个姐妹一起来到北京谋发展，她们租了一间民房，10平方米的屋子里放着两张大床，她们拼在一起，四个人就挤在一起睡。

晓菲起初在一个公司做电话业务员，由于她的口才不能"诱惑"顾客，每个月的业绩都不理想，薪水低，没有保障，整天提心吊胆地过日子。若哪个月没出单，老板的脸色就特别难看，还会把她说得一无是处。

后来，几个姐妹都搬走了，她们要么是找到了好一点的工作，要么是有了男朋友同居去了，偌大的房间里只剩下晓菲一个人。为了省钱，她到公司附近租了一间不足 5 平方米的地下室，只能放得下一张床和一张桌子，很多东西都必须塞到床下面。她每天拖着疲惫的身躯回到这小小的地方，一个人吃饭，一个人洗衣服，一个人躺在床上发呆。

晓菲感觉自己特别孤独和寂寞，而且没人说话，生病了也是一个人照顾自己，有时醒来的时候，发现自己的眼睛在默默流泪。她从来没有过这样的孤独，在中学时有家人和同学陪伴自己，在大学里也有形影不离的室友，而现在这些熟悉的人都不在自己身边。她突然很渴望爱情，她也明白了爱情对一个漂泊在外的女人的重要性。

更让她难以忍受的是，地下室里住的都是情侣，大家看到她一个人都会投来好奇的目光，加上地下室的隔音效果很差，外边的细微的动作都听得清清楚楚，隔壁的打情骂俏天天都在刺激着她，仿佛这个世界只剩下她没人爱。

由于晓菲第一份工作难以让老板满意，就被辞退了。一个月后她去了一家文化公司做普通文员，薪水也就2500 元。性格不是太开朗的晓菲在刚到公司的那段时间，与大家很不熟，总是一个人默默地坐在那里。使得她白天和晚上依然很孤独，日子越来越难熬。

然而，晓菲却受到一个人特别热情的对待，这个人就是坐在她对面的戴大伟。他大概23岁左右的样子，与自己同龄，总是有话没地和晓菲说话，中午都帮她带饭，晚上请她吃饭，平常有什么麻烦都是第一个为她解围的人。

再之后，戴大伟就大胆表明想追求晓菲的想法，起初晓菲对他没有一点感觉，但戴大伟的出现的确给她的生活带来了阳光和快乐。生活的寂寞和孤独，让她极度渴望得到一份感情，不管这个男人是谁，到底有多真心，只要身边有个男人自己就不再孤独。而且，通过这么多天的相处，她看到戴大伟是一个热情、善解人意、大度、幽默、浪漫的人，不抽烟、不喝酒，反正，你很难从他的身上找到缺点。

不过，戴大伟好像和周围同事相处的不是很融洽，其他女孩对他的态度也是不冷不热的。晓菲没有认真考虑这方面的原因，她只想快速结束自己的单身生活。所以，在一个浪漫的夜晚，晓菲接受了戴大伟的求爱，那晚，她觉得自己是最幸福的女孩，更庆幸找到这么好，这么完美的男人，从此，在寂寞的城市她不再孤独。

两人确定关系后，晓菲便搬进了戴大伟所在的"蚁族村"，村子不大，却住着几万个的外来人员和当地大学生。戴大伟的房子比地下室的条件好多了，起码有窗户，有简单的家具，虽然这个男人没有宝马和豪宅，但她愿意把自己投资给这个"潜力股"男人。

在最初的几个月里，戴大伟还是和当初一样，对晓菲给予无微不至的关照，什么事情都是自己抢着做，什么都让着、忍着、疼着，一点脾气都没有，而且没有不良爱好，那段时间是晓菲最快乐的日子，享受作为女人被男人宠的滋味。

然而好景不长，到第三个月时，戴大伟慢慢地就开始变了，首先他的很多缺点都暴露出来，比如抽烟、喝酒，之前没有当着晓菲喝过、抽过，现在毫不掩饰了。他还特别爱玩网络游戏，有时一玩就是一个通宵，也不管是否影响晓菲休息。之前，他说自己没事最爱读书，还买本余秋雨的书有模有样地读，让晓菲觉得他很有文化内涵，现在那书早被他丢进了垃圾桶。其次，戴大伟脾气很不好，还有点大男子主义，他不高兴的时候爱说脏话，爱争吵，什么事情都是自以为是，而晓菲只有接受的份。除了这些，缺点说也说不完。

那时，晓菲已经和公司里的人混熟了，当大家得知她在和戴大伟恋爱时，很多人都为她感到惋惜，有的还劝她快点和这个男的分手，他们似乎都很讨厌这个男人，他很个人主义，很自私、自傲，爱打小报告，所以没人喜欢他。一个女同事还说，戴大伟曾经交过一个女朋友，结果那女的受不了他就分手了。晓菲很后悔找了这样一个男朋友，后悔当初那么急着找男朋友，但既然都在一起了，她想包容这个男人的缺点。

　　在金融危机时，表现不太好的戴大伟被公司辞退了，生活一下子变得艰苦起来，生活的重担都落在晓菲一个女人身上，努力赚钱养家养男人。后来戴大伟想开个店面，天真的晓菲就向家里借了几万给了戴大伟，但这家伙不是做生意的料，结果血本无归。之后，戴大伟就呆在家里玩游戏，晓菲劝他赶快找份工作，别让一个女人在外奔波。自尊心极强的戴大伟的很恼火，对晓菲又打又骂，说他早晚有一天会成功的。

　　繁重的工作累垮了晓菲的身体，她不得不回家养病，在这种情况下，她希望男朋友能尽快找份工作养活家庭，可戴大伟沉迷在游戏中，说现在的工作很不好找，等过了金融危机再说。面对这样一个靠自己养活的男人，晓菲真的无语了。那夜，他们大吵了一架，被戴大伟重重推到在地，也没拉她。晓菲绝望到极点，恨这个男人，更恨自己，当即提出分手，然后收拾自己的行李，走了出去。

　　晓菲一个人走在寂寞的大街，城市的夜景很美，却不知掩盖着多少不为人知的丑陋。她也不知道在这座城市还有多少很傻很天真的寂寞女孩，还有多少女孩在被"好男人"追求着、宠着，还有多少女人已经把"好男人"看穿。晓菲明白了，寂寞是魔鬼，而那些表现的近乎完美的好男人则是蒙汗药！

可以说这不是晓菲一个人的无奈，很多女孩都曾被男人的"好"欺骗过，在恋爱、结婚前，男人会把你当宝贝一样看待，他会把自己最好的一面表现给你，但有些人的"好"很难持续下去的。因此，女孩不要被那些"好男人"给迷惑住，学会了解一个真实的男人是很重要的，但这些男人你很难在短时间察觉他是真好还是假好，很多人隐蔽性很强，你需要火眼金睛，也需要别人的帮助。

你可以听听的建议

1. 男人的好是不是有点过。

没谁是完美的，如果一个男人太好了就有点怀疑，比如过度热情，过度大方，过度对你好。男人在恋爱时呈现的都是自己最好的一面，很多时候他没有这么好过，难免会好得有些不自然，所以女孩应该用自己的细腻去观察男人粗糙的好。

2. 他的好是否被周围的人笑。

如果一个男人平常不怎么好（如文中戴大伟），突然有一天在某个女孩面前表现得近乎完美，这种前后的鲜明对比，会让了解他的朋友和同事在背后偷偷地笑。你应该抓住这个细节，慢慢地考察他，或者询问老员工他平时是什么样子。

3. 周围人对他的评价如何，他如何对待别人。

一个男人到底好不好，你看他与周围相处的如何就能看得出来。如果一个人缺点太多、脾气暴躁等，周围的人就会很讨厌他。一个人不合群，除了内向和孤僻外，就是他有很多缺点不被大家喜欢。此外，你也可以观察他对周围的人如何，如果他对别人的态度很差，仅仅对你好，这种好可能就是伪装出来的。

4. 他分手的原因很重要。

对一个男人过去进行调查显得对男人不够信任，但女人要想对自己负责，了解一个男人的过去还是很重要的，当然你的调查不能让对方知道。这里特别是强调的分手原因，如果男人不主动告诉你的话，你在男人不知情的情况打听知道内情的人，看看他曾经的女朋友是不是因为他的某些缺点才离开他的，他女朋友如何评价他，如果这些缺点也是你难以接受的，在选择时就应该慎重。

太爽快的男人未必适合做老公

很多女人不喜欢太抠门的男人，在选择男朋友时，她们的第一要求就是这个男人要大方，抠门的不要，小气的不要，一毛不拔的"铁公鸡"更不在她们的选择范围内。她们心仪的男人要有绅士风度，愿意主动为女孩买单，舍得为女人花钱……

有些男人对女性大方是出于"恋爱潜规则"所迫，不这样做就难以追到女孩子。但有些则是个性的使然，他们爱消费，不论是谈恋爱，还是在平时交往中都出手阔绰，成为大家眼中的"豪爽男"。然而当这个男人要成为老公时，当你决定嫁给他过日子时，你还会觉得这样的豪爽男人好吗？

我们看这位女士的故事：

今年，我通过朋友介绍交了一个男朋友，谈了有两个月的时间。那人长得斯斯文文的，言谈举止还行，就是有点小气。他在我面前总说自己一月能赚很多钱，说自己不在乎花钱，可真等他花钱时，他就成了铁公鸡。每次约会吃饭时，他只让我点一道爱吃的菜，剩下的他就自作主张点些最便宜的菜；他也会给我买衣服，可气的是每次都是打折的处理品；每次我想去咖啡厅坐坐的时候，他就找绞尽脑汁陪我去公园看风景……我真的受够了这个小气鬼，就分手了！

这之后，我就下决心找一个特别大方的男朋友，周围的姐妹也这样劝我，说男人在女人面前必须大方才行，这是绅士的表现，也是理所当然要做的，而且，男人舍得为女人花钱，才能表明他的诚意，太抠门的男人不适合谈恋爱。

一个周末的聚会，同事给我介绍了她的一个同学，叫黄晓东，说这个男人不错，与女孩子交往也特别大方，只因为女朋友去了国外两个人才分手，至今还单身一个。我认真观察了这个男人，觉得还不错，在同事的引荐下互相留了联系方式。

就这样，我们开始试着交往。黄晓东的确是一个很大方的男人，每次约会都是他主动买单，而且都是一些高消费场合，还经常给我各种东西。看得出来，他很愿意为女人花钱，不会吝啬手里的那些钱。不过，当你确定要把对方作为老公来考察时，你会发现太爽快的男人并不那么好。

实际上，黄晓东收入并不高，他几乎把所有的钱都用在了恋爱和消费上，可以说是个"月光族"。记得有一次我生日，当时他与我约会、陪我逛街已经花去了仅有的一点薪水，然而他却在囊中羞涩的情况下借钱为我举行了一个生日聚会，足足花了两千块。幸亏我还不是他老婆，若是我非骂他败家不可。

黄晓东除了在恋爱上大方外，在人际交往方面也很豪爽，很喜欢请客吃饭结交朋友之类的，还爱面子，生怕别人说他小气。当然，偶尔请别人吃吃饭也没什么，但问题是几乎每次都是他一个人买单，我常常劝他说："你每月就那几千块钱，你这样豪爽下去，还能豪爽几次，有必要每次都大方吗？"

我虽然不是吝啬鬼，也爱消费，但我会有计划地去消费，能省就省，该抠门时也抠门。毕业到现在，手头已经有了几万的存款，虽然不多，却从来不缺钱，还能孝敬自己的父母。而黄晓东分明就是"穷大方"，很多花费是没有必要的，仅仅是为了男人的面子。

如果我和这样的男人结婚了，家里的钱不被浪费掉才怪呢！这样拿什么存钱，拿什么买奶粉，更别想着去买房。所以我不太喜欢过于大方的男人，只想找一个真正能过日子的男人，会理财，会省钱。

男人在交际场合大方一些，在女人面前大方些是应该的，这是人之常情，也是恋爱的需要，但过于大方的男人却不适合过日子。等你大方的男朋友变成老公时，你就不舍得他再为你那么破费了，不会天天去嚷着他去些高档的娱乐场合，这时无论谁买单，为谁买东西，都是在消费你们两个人的钱。想到这些，你会让男人大方吗？

如果他在朋友面前也豪爽无度，我想你也不会像别人那样赞扬丈夫多么多么大方，你只会说"你怎么这么傻，你的钱也不是抢来的，干嘛每次都是你抢着买单"。你开始心疼那些钱，因为男人每多花一分钱，就意味着男人积蓄减少一分钱。

其实男人可以适当装穷，适当抠门一点，这绝不是一种小气和吝啬，而是一种聪明人的智慧。所以，女人在选择老公时不要觉得男人愿意为你花钱、待人特别豪爽就是优点，你要考虑以后的生活，看看这样的男人适不适合过日子。

你可以听听的建议

1. 这个男人是不是"穷大方"。

中国人是特别爱面子的，生活里有很多"穷大款"、"假大方"的男人。这些人明明没什么钱，却总爱在女人和朋友面前显示自己的阔气，有时候借钱也要维持这个脸面。这样的男人喜欢表面的风光，爱面子，自尊心强，找他做老公很不划算，你必须陪着他过打肿脸充胖子的假大款生活。

2. 他是否虚荣心很强，喜欢与别人攀比。

女人爱攀比，虚荣心强，男人也是如此，他们总喜欢把自己与别人进行比较，如昔日的同学、同事、亲友等，结果比来比去却发现自己比别人差好大一截，在这种情况下，心情会很沮丧，心生嫉妒，从而会想尽办法像别人一样活着，并开始大把花钱。这样的男人在选择时同样需要慎重。

3. 是不是特爱请客吃饭，爱炫耀。

有些男人有点小钱就炫耀，特别喜欢请客吃饭。当他们刚刚拿到这个月的薪水，或因某事而心情高兴时，便呼朋引伴请别人大吃一顿，以致到后来，不等他主动请，在他钱包充裕时，别人就鼓动他请客，他成了大家的钱包。如果这个男人不很有钱，他不会有很多积蓄的，这样的男人不适合做老公。

4. 是否喜欢点一桌子吃不完的饭。

如今的男人在请客吃饭时，都喜欢点很多的饭菜和酒水，哪怕就两个人也要点一桌子的菜，就怕女方和朋友说自己抠门，而酒足饭饱之后，往往剩下很多饭菜吃不了。剩下的饭菜也不打包带走，而是白白地扔掉。这样的男人爱讲排场，其结果是浪费，不懂得节省。其实，只要不是特别重要的场所，点菜够吃就行，如果吃不完打包回家也可以，这样的男人才适合过日子。

5. 他是否是一个"月光族"。

所谓的月光族是指那些将每月赚的钱都用光、花光的人，银行里没有一点存款。都说男人比女人更懂得存钱的重要性，然而有些男人却没有存钱的习惯，他们收入很高，可他们有多少钱花多少，把过多的钱都用在了个人消费上，他们生活很小资，并且在恋爱上很愿意为女人花钱。但等到自己想买房了，想结婚了，或者突然失业了，他们翻看自己的银行卡时，发现里面还欠着银行上千元的帐。所以，女人不要只看他为你花多少钱，还有看他账户里有多少积蓄。

6. 是否有良好的理财习惯。

一个有良好理财习惯的男人是不会大手脚花钱的，他们每花一笔钱都心中有数，该花时就花，不该花的钱会克制。一般而言，他们会制定自己的收支计划，有月计划和年计划，规定自己花钱的方向和数目及储蓄的数额，并根据自己的计划约束自己的消费行为，防止盲目消费。选择这样的男人做老公，你就不用担心他在外边挥霍你们的共同财产。

那些殷勤的男人都是做给你看的

几乎天下所有的男人，在恋爱和结婚前都是勤快的，当然除非他是帅哥级的校草和有钱有势的大贵人，如果没有女人为他花痴，男人再不热情主动些，恐怕很难把漂亮的女孩追到手，就连默默无闻的灰姑娘也不会被他感动。

因此，大多数男人会为了赢得女孩的芳心在女孩面前大献殷勤，试图表现一个"全心全意"为女孩服务的好男孩、好男人的形象。在学校里，那些暗恋和追求你的男生帮你打扫卫生，帮你解决各种难题，在你嘴馋时，愿意坐半个小时的车程为你买想吃的东西，总之，他们把所有的热情和心思都用在了这上面，让你青春懵懂的心有了小小的感动，慢慢地这份感动成了爱的萌芽，有一天，你就做了他的女朋友。

在你的公司里，有一群剩男和光棍，狭小的生活圈子和忙碌的工作，使他们接触不到更多的女孩子，于是他们对公司里的年轻女孩特别上心。而你正是一个漂亮且单身的女孩，你会发现自己身边总有几个热心的男同事，他们显得特别勤快，愿意为你跑腿，愿意为你解决工作上的难题，愿意当着你的面做所有累活重活，还一副很享受的样子。

在婚前恋爱时，男人比女人还要勤快。约会时，他们是最先赶到的，不会让你久等；你生日的时候，会花费心思和精力为你举办一个热闹的生日晚会；你懒得起床时，他会为你买可口的早点，尽量宠着你；周末，他放弃睡懒觉的时间陪着你漫无目的地逛大街，陪你不厌其烦地试衣服；生活中，愿意为你做饭，为你洗衣服，拖地、整理房间之类的事情都抢着干，让你觉得跟着这样的男人一定幸福，让你的父母觉得这真是一个好女婿。

然而，有些男人的勤快是不能持久的，等他把你追到手，等你们的感情由"甜蜜期"进入"平淡期"后，男朋友就不再热心了，你会发现他和平常的男生一样懒惰；等男人把你娶进门，当你成为了他的老婆后，一些男人开始大变样，他不再宠着你，饭让你做，衣服让你洗，房间让你打扫，而他拿出一副大男子主义的姿态认为这是理所当然的。

我们听听女网友的抱怨：

A：结婚前感觉老公还算勤快，至少能把自己打扮得光光鲜鲜的，自己的衣服还洗洗，高兴了还帮我洗衣服呢。结婚后的他也很勤快，做饭拖地也不在话下。可是我怀孕后却发现他变得懒惰了，怀孕后他就让他妈来伺候我，老公也跟着懒了起来，自己的衣服也不洗了更别说我的了，婆婆有时候拖地不干净，我偷偷地告诉老公，想让老公再拖拖，没想到他却说，你光说，怎么不自己干呀？还有老公的袜子也不洗，他老妈看不惯就帮他洗！前后变化真大啊，我都怀疑这是不是我老公啦！很羡慕人家老公一听说老婆怀孕了就把所有的家务都包揽下来了。

B：今天听几个结了婚的同事说，她们的老公结了婚就什么都不做了，就是做了也是非常不认真，很不情愿，最后看不下去还是得自己去做；还有的老公更是理直气壮地说："不要为了这种小事争论不休，男人是要赚钱的，没时间做这些事。"最后洗衣、做饭、收拾屋子全都成了女人的活，她们都深有同感地说："男人都这德性！"

C：老公在结婚前是个很勤快的男人，然而婚后越来越懒。比如几周之前，洗手间的镜子坏了，因老公休息时间比较多，就要求他找个时间去重新买一个，他答应得很好，可至今没买回来，一说他，他说没镜子的这段时间我们还不是一样过，证明这东西可要可不要。

前一周客厅花灯的灯罩坏了一个，要他换一个，到今天，还是没换上，说他，他就说等下等下，可等了这么多天，还是没换上；上周四洗手间的灯坏了，要他重买一个换上去，他说昨天换，可早上8点钟起来后就一直在看电视，说他，他说天太热了，等下午。可到了下午5点钟了，还是不去，还说天太热……我的脾气终于爆发了！狠狠地骂了他一顿！

怎么男人结婚后会变成这样？他以前可不会啊！

可见，恋爱前和恋爱后，婚前和婚后，男人是容易变的，这种变不是质变（如由一个好人变坏人），而是恢复本来的面貌和真性情。曾有女人这样说："男人结婚后变懒了，这应该是他本性的回归，是将恋爱期间的伪装毫无顾忌地全然脱去。说明他结婚前，并不是真正的勤快！"

可以说，大部分男人在恋爱前的勤奋多少都有装出来的成分，是做给女孩看的，不这样做很难去赢得女孩的好感，也难以让岳父岳母满意，然而伪装的勤快并不是一个真实的他，男人总有劳累的那天，等男人把你得手后，等你们已经是夫妻后，男人就像恢复一个真实的自己，这时他不仅特别懒，而且脾气也大了。如果这时女人再没经济地位，男人会还变得大男子主义，把自己的懒惰看成理所当然的事情，一切家务事都是女人的事情。

因此，女人在选男朋友和老公时，不要被那些勤快的男生和男人给迷惑了，你可以感动，可以对他们产生好感，但一定要保持清醒的认识，知道哪些是真勤快，哪些是假勤快。

你可以听听的建议

1. 他是否愿意为不漂亮的女孩效劳。

有些男人伪装出来的勤快是分对象的，一般而言他们只对美女和自己心仪的女孩热心，对那些看不上的女孩，或是不够漂亮的女孩却一点都不够勤快，有时还会在她们面前失去男人风度。比如一个不起眼女孩想请他帮个忙，他却冷冰冰地说没空。对于这样的男人，他对你再勤快都显得不够真诚。

2. 他平常也这样勤快吗？

有的男人平常很懒，只在你的出现后才变得勤快，这时他不是为了你而改变自己，就是为了你而伪装自己。虽然我们不应该只看一个男人的过去，但过去却代表男人的真实状态，一个过去很懒的男人要变勤快还需一个漫长的过程，这需要女人耐心观察。

3. 他对周围人也这么勤快吗？

观察一个男人，不要看他是否在女人面前勤快，还要看他对周围的人，在日常的工作和生活中是否勤快。如果一个男人只对女人勤快，却在周围同事面前懒得像猪一样，谁都不想帮助，自私又薄情，这样的男人也很难对女人勤快到底。

4. 到他的房间里看看。

一个男人到底勤快与否，你可以去了解他生活的真实一面，比如到他的宿舍看看，勤快的男人会把自己的房间弄得很干净，而懒惰男人的房间则一片狼藉，还会飘来臭袜子的味道。如果你们还没有生活在一起，你可以在不打招呼的前提下突袭他的房间，看看他会不会打理自己的生活。

千万别被男人的甜言蜜语诱惑

男人在恋爱时的嘴巴都是甜的，他们懂得如何赞美你，如何拍你的马屁，会说一些撩人心扉的情话，天天把"想你想到快要疯掉"的话挂在嘴边，在你高兴时想着法子逗你玩，在你生气时哄你开心……

而且，男人在恋爱时满嘴都是承诺，说什么会用自己的一生去爱你，不会再爱其他女人，或是说无论发生什么事情都要永远和你在一起，不会离开你，或是一定让你过上好日子，并为你绘制美好的明天。

对于甜言蜜语和诺言，恋爱中的男人爱说，而恋爱中的女人更爱听，她们对甜言蜜语的喜好，就像小孩儿喜欢糖果、男人喜好烟酒一样，容易上瘾，她希望听到男人的赞美，希望听到男人的绵绵的情话，希望男人对自己发誓承诺。如果男人不说，她们就怀疑男人爱自己的程度，甚至拒绝那些一本正经的男人。

所以，有很多男人抓住了女性的这个特点，他们会想尽办法把最甜蜜的语言送给女人，迷惑女人，这时各种肉麻的情话，各种经典的爱情表白，各种情诗都来了。哪怕是抄袭人家，或者是编造出来的谎言，只要能讨女孩欢心就行，能把女孩追到手就行。女人的感情很细腻，男人一句动情的话就可以感动女人，一个信誓旦旦的承诺就可以拴着女人的心。

然而，男人们的甜言蜜语大都是在结婚前。等到柴米油盐冲淡爱情的激情时，男人的甜言蜜语就越来越少了，甚至忘得干干净净了。其实，那些甜言蜜语只不过是恋爱的产物，是恋爱的调味剂，在婚后已经显得不那么重要了。

很多时候，男人的甜言蜜语没几句是真的，你是无法判断他的话有多少真实的成分，有些男生的情书是别人代写，有些男人的甜蜜语言是从书上看到的，有些话则是口是心非的表演，等你们分手时，你会发现这个男人曾经说的一切都是骗人。再说承诺，可以说男人90%的承诺都是骗人的，他们在婚后常常会忘记自己许下的承诺。要知道，没有谁会知道明天会怎样，当一个男人动不动就向你承诺时，只能说明是哄你开心的。这就是为何女人总说自己是被男人"骗"到手的原因。

甜言蜜语还容易成为女人的蒙汗药，它容易迷惑那些单纯和痴情的傻女孩，她们被男人的话感动着，陶醉着，渐渐放松了对男人的警惕和判断力。在男人的迷惑下，她们看不到男人真实的一面，搞不清自己爱的是他的人，还是那一堆情话。而且，很多坏男人更善于说甜言蜜语，女人遇到这样的男人就相当的危险，大到骗财骗色，小到被对方欺骗感情都是常有的。

于是，一些女人就感慨地说："宁可相信世上有鬼，也别

　　小菲是一个漂亮的女孩，虽然在年少懵懂的岁月里十分渴望爱情，并且有很多男生追她，自己也有很多暗恋的对象，可她却是一个乖乖女，不想戴上早恋的帽子，所以她的整个学生时代就是好好学习，当然她会偷偷地看爱情小说，幻想着自己的爱情。

　　大学毕业后，她进入了一家文化公司就职，这时她已经25岁"高龄"了，当周围的朋友都成双入对时，她却是单身一个。她想自己该好好地谈场恋爱了，不然成为一个没恋爱过的"剩女"是很没面子的。

　　当时，有两个男同事对小菲有意思，一个叫高鹏，一个叫陈翰，两人都与小菲年龄相仿，而且参加工作也没多久。高鹏高高大大的，嘴巴很会说话，能把女孩哄高兴，有他在大家不会寂寞，是最受女同胞欢迎的男同事。而陈翰则相反，他的话语不多，总是一副默默无闻的样子，对女孩过于客气，是女孩眼中的木头人。

　　两个人都以不同的方式追求着小菲，高鹏的追求像热情的火焰，让小菲有种被人追求的虚荣和快感，而陈翰的追求则显得腼腆和内敛，给人的感觉这个男生虽然人很好，但却不适合谈恋爱。每天中午，他们都会到附近的餐馆去吃饭，四个女孩和两个男生，每次陈翰都是默默的地吃饭，而高鹏却和四个女孩聊得火热，当然他主要是想引起小菲的注意，在小菲笑的时候，陈翰偷偷地看她一眼，而后自己也独自也笑笑。小菲能感觉到两个男孩对自己爱恋，至于哪个能成为她的男朋友还需进一步观察。

后来，小菲选择了与高鹏交往。因为和高鹏在一起小菲才有爱情的感觉，与他在一起不会感到寂寞。高鹏有着说不完的情话，他知道该如何表达自己的感情，总能在恰当的时候说出令小菲感动的话，让你感觉他是那么爱你，仿佛你是他心中最漂亮、最可爱、最优秀的女孩。而且高鹏曾多次信誓旦旦地承诺会好好地爱小菲一生，永远疼爱她，不会对别的女孩动心，将来一定会做好丈夫。小菲没有恋爱经历，很迷恋爱情的宣言，并天真地活在爱情的幻想里，认为这就是自己的真爱，嫁给这样的男人会幸福一生。

一年后，小菲就决定嫁给高鹏，在婚礼上，高鹏依然重复着他爱情的宣言。而陈翰也参加了她的婚礼，小菲望着那个人很好却无法让自己动心的男人，她只有默默地祝福他能够找到一个漂亮的女孩。

婚后一年，小菲和高鹏过得还可以，婚后第二年，高鹏依然还那么爱说，可他越来越吝啬自己的甜蜜语言了，懒得说，有时候根本不想说，两人那时吵架的时间多于感情的交流。高鹏有些大男子主义，家里的很多事情都懒得做。

当她忙着做饭打扫房间时，多么希望老公能说句安慰和赞美她的话，可老公的眼睛都是盯着电视，对她的付出视而不见；当她加班到深夜，拖着疲惫回到家时，老公却带着埋怨说怎么才回来，我还没吃饭呢！他一句关心的话都没有；当他们晚上看了一部浪漫的爱情电影，小菲想让老公拥着自己说说情话时，这个男人却说电影里的爱情都是骗人的，然后鼾声就回荡在房间里，虽然这个男人睡在身边，小菲的心却无比寂寞；当情人节、结婚纪念日、生日到来时，小菲期待着老公能给自己一些惊喜，哪怕是几句情话，可这个男人每次都忘记这些节日，还一点内疚感都没有……

小菲这才明白男人在恋爱时说的甜言蜜语都是假的，起码不是发自内心的，只不过是哄女孩开心罢了。她后来觉得也许生活就这样吧，人不能永远都活在恋爱中，所以她慢慢接受了这种生活。然而，当她放弃抱怨准备过一种平淡生活时，这个男人却与别的女人传出了绯闻，后来竟然提出了离婚。

小菲想起这个男人在恋爱时的承诺，大声质问："难道你在结婚前，在婚礼上说的那些话都是骗人的？"高鹏回答说："没有所谓的欺骗，每个男人在恋爱时都这样说，但是很多人最后还是分手了。男人承诺只代表他那刻的真诚，没有人会知道将来会发生什么，所以，对你我只能说声对不起！"

就这样，小菲结束了自己婚姻。一次，她在朋友的聚会中见到了昔日的同事陈翰，他还是那个样子，稳重而内敛。陈翰告诉小菲自己已经结婚了，并询问小菲和高鹏的感情如何，她不知道该如何回答，只是心里特委屈，特想哭出来。小菲从朋友那里得知，陈翰生活得很幸福，与自己心爱的女人过着老老实实的生活，虽然平淡，但却恩恩爱爱。

生活中还有多少个小菲我们尚不知，但大部分女人都曾感觉到男人在恋爱时说的那堆甜言蜜语太不靠谱了，正如文中高鹏所说"那些话只代表男人片刻的真诚"，能够说到做到的男人并不多。其实，这一切都很正常，恋爱需要它，很多男人都会说，都说过，而且所说的内容几乎都是一样的，并不代表一个男人真实的内心。

所以，女孩在恋爱时千万别被男人的甜言蜜语和诺言给迷惑，观察一个男人不要看他说了多少爱你的话，有多少话感动了你，也不要太把男人的诺言当真，你太认真了到最后吃亏的总是你自己。一个男人好不好，你还要从他的性格、品质、人际关系、生活环境、爱好等各个方面去考虑，要全面了解一个男人。

男人的浪漫在婚前都挥霍干净了

有个女网友这样写道：

我老公在结婚前还算得上浪漫，每个节日至少会订花给我，生日时还会送礼物，什么烛光晚餐，总会精心设计各种浪漫，会给我意想不到的惊喜。可结婚后男人很少在那些节日上花费心思了，甚至连我的生日都不记得了。而且，他变得一点情调都没有了，说话都是直来直去的，就连房事也那么机械，常常是没什么前奏就直奔主题，然后倒头就睡……

我现在总感觉和他生活在一起很枯燥，一点激情都没有，再也找不到恋爱时的那种感觉了。我喜欢浪漫且有情调的生活，多么希望老公能花点心思在我们的感情上。有时想想，也许是他工作太累了，没那么多的时间去浪漫，或者婚姻生活都这样吧，每个家庭都有七年之痒，平淡的生活才是真实的生活。

与这位女士一样，很多女人都在抱怨自己男人婚后不如婚前那样浪漫。说现在的老公快不认识了，完全是另一个样子，情调没了，幽默感也没了，有时候两天说不上一句话，一旦说话都吵架，剩下的时间就对着电视消磨时间。而在各种节日到来时（如情人节，结婚纪念日），她们盼望着能得到男人的一份惊喜，可每次都失望。

可能在恋爱时，男人为了向你表白，愿意精心策划一个轰动全校的求爱事件，比如站在楼下当着围观者弹着吉他为你歌唱，让"我爱你"宣言震撼整个校园；男人愿意花一天的时间给你购买生日礼物，然后苦苦寻思以什么浪漫的方式给你惊喜；男人愿意天天花时间、动脑子编各种好玩、感动、温情、火辣的短信发给你看，让你无聊的生活不在寂寞……

但是，浪漫需要时间的投入，需要男人花费精力，需要揣摩女孩的心思，对于一个不善于浪漫的人，你让他永远保持这种浪漫是件很痛苦的事情。他们所谓的浪漫并不是他们的真性情，平常他们可能一点都不浪漫，只是为了追你才愿意花时间搞点浪漫和情调，但等恋爱的激情过后，男人就不想干了，因为他们真的不善于浪漫，这对他来说是种折磨。

而且，浪漫不像甜言蜜语那样百说不厌，浪漫是需要不同花样的，需要每次都别出心裁，需要每次都是一个惊喜，需要男人不断创新浪漫的方式，这点不是每个男人都能做到的，而且婚后的男人也没这个时间和精力去琢磨这些事情。如果每次都重复同样的浪漫，不仅男人自己会觉得没意思，连女人也会对这样的浪漫不屑一顾。可以说，当男人在恋爱时把所有的浪漫花招都用尽了，等他结婚后，他就黔驴技穷了。

　　刘蕊是文正学院的校花级的人物，而且家在无锡，父母都是生意人，因此被周围的人像公主一样的宠爱着。她喜欢浪漫的爱情，在中学时还与一个文学才子做过笔友，有过一段朦胧的爱恋，这人不是郭敬明，而是叫夏雨的男生。当然，文人的浪漫只是那一堆瞎掰的文字，能给人遐想的浪漫，却感受不到真实的快乐。

　　进入大学后，刘蕊就与那个有点神经兮兮的诗人中断了联系。她想进行一场真实的浪漫爱情，她觉得这个男人一定要阳光，要幽默，更重要的是要懂得浪漫，有情调才行，太平淡的爱情不是她向往的。当时追她的男人倒不少，有不差钱的富二代，有吝啬的酸文人，也有死缠硬磨的顽皮男生。可她一个都不喜欢，觉得他们的表白要么太直接，不够浪漫，要么太闷骚，喜欢却不敢说出口，非得给你写一堆匪夷所思的文字。

　　在一个舞会上，刘蕊认识了大二的男生张寰，这人虽不是校草，但也相貌气质俱佳，而且幽默大方。那次见面之后，张寰就展开了自己的爱情攻势，刘蕊也很喜欢这个男生，可她不想就这样接受他的求爱。她告诉张寰说："追我可以，但你得用一种最浪漫的方式向我表白，还要让所有人都知道你喜欢我！"

这下可把张寰难倒了，浪漫是他最懒得做的事情，他平常靠阳光帅气的脸庞，还有那三寸不烂之舌就可以把女生追到手，那些痴情女生巴不得做他的女朋友，谁还在乎他够不够浪漫，而且一个要求你浪漫的女生是不好搞定的，难伺候。张寰想放弃，但他确实喜欢刘蕊，虽然她高傲的像个公主，但她漂亮大方，聪明可爱，而且身上有一种别的女孩没有的独特气质，当然她也有钱，他想征服这个富家女。

该怎么向刘蕊表白呢？那些天张寰苦思冥想，后来又请教室友，几个男生把自己的浪漫经验告诉了张寰，但他觉得那些点子太俗套，也不够气派，骗骗小女生还可以，但对于刘蕊这样高标准的女生显然是不够的。一天晚上他在论坛上看帖子，一个求爱的新闻让他灵机一动，他何不"山寨"一次，如果策划成功，一定是轰动校园的大事件。

第二天，张寰花血本买了大量的玫瑰花和蜡烛，还买了一个扩音器。在室友的帮助下，他开始行动了。在傍晚的时候，女生宿舍旁边的操场上站满了围观的男男女女，只见那里堆满了大把大把的玫瑰，还有好几箱子的蜡烛，大家都猜测这肯定是哪个男生求爱的，至于用哪种方式，男主角是谁他们都不知道。

天渐渐黑了，人越来越多，有几个男生开始在操场上摆蜡烛，一会儿就摆出了"刘蕊，我爱你"几个

字，然后又用红蜡烛在几个字的外围摆出了一个"心"状大圆。这时女生宿舍楼沸腾了，都纷纷探出头来，议论着，并等待着最精彩一幕的上演。

一切准备就绪，张寰在千呼万唤中走出来，只见他左手抱着一大把玫瑰花，右手拿着扩音器站在大圆心里，然后对着扩音器大声喊道："xx系的刘蕊，我叫张寰，我喜欢你，做我的女朋友吧，今天这个浪漫的夜晚是属于你的……"在说话期间，有几个人把那些玫瑰一个连着一个，一直摆到了刘蕊的宿舍门口。几十分钟后，刘蕊顺着玫瑰花铺成的路来到操场上，接受了张寰的求爱，这时校园广播里响起周华健的那首《明天我要嫁给你》。

大学四年，刘蕊享受着浪漫的爱情，并深深地爱上了这个男生。而张寰为了维持这份爱情没少花费心思，每次约会，每次情人节，每次刘蕊的生日，他都变着花样给刘蕊不同的惊喜，反正是能浪漫的方法都他用过了，能学的都学了，能山寨的都山寨了，有时为了一个浪漫的情人节，他会提前一个月就想好点子。说实话，这样的生活很累，但是大学生活那么无聊闲散，完全有精力去琢磨这些东西，所以累并快乐着。

在毕业后的第三年，他们结婚了，刘蕊的父亲出钱在无锡买了一套三居室的房子让他们住，还让张寰到自己的公司里上班。于是，他们过着养尊处优的生活，比同龄人过得滋润多了。然而天有不测风云，一次金融危机让刘蕊家的企业破产了。那时他们才知道生存的艰难，他们卖了房子，租了一间很便宜的房子重新找工作。

刘蕊在一个小公司做文员，张寰则做起了销售。张寰的生活变得忙碌起来，很少有时间呆在家里，他只想多赚钱。刘蕊是在娇生惯养中长大的，很不喜欢现在的生活，她不想这么累地活着，十分怀念大学恋爱时的浪漫时光，可现在的张寰为她浪漫的次数越来越少了，即便有浪漫，那些浪漫的方式在大学时已经用过 N 次了，一点新鲜感都没有，让刘蕊很不满意。但张寰的工作很忙，觉得能浪漫一些已经很奢侈了，哪还有精力去琢磨别出心裁的浪漫，所以也没把刘蕊的抱怨放在心上。

有一年的情人节，刘蕊在两个星期前就提醒张寰别忘了在情人节的那天给她一个浪漫的惊喜，还抱怨说很久没见他浪漫过了，日子过得太乏味。张寰带着歉意便答应到时一定要过个浪漫的情人节。

时间一天天地过去了，张寰当时正在忙公司里的一个项目，没多少时间琢磨这个情人节该怎么过。一直到情人节的前天，他还没想好，因为他实在没招了。结果情人节那天他只买了玫瑰和一些礼物送给刘蕊。可想而知，刘蕊相当不满意，哭着说一点都不浪漫，认为张寰根本没用心准备。而张寰则一脸的无奈。

刘蕊想不明白，当初那么浪漫的男人现在怎么一点浪漫细胞都没有了。

其实，浪漫就像一杯精心酿造的美酒，是婚姻的奢侈品，不是每个男人都能做到的，即便他有浪漫的细胞，但生活的压力和紧张的工作也会使他没有心思天天去琢磨这些事情。而除了这些原因，导致张寰不再浪漫的原因还在于他在大学时代已经透支了自己的浪漫，等他结婚后，他已经没有新花样了，而且已经累了，厌倦了这种生活。

因此，女孩在婚前恋爱时，不要太迷恋那些只给你制造浪漫的男人，今天最浪漫的男人或许就是婚后最不浪漫的男人，而那些今天不太浪漫的男人，说不定在婚后也会变得浪漫，因为他的浪漫细胞还没有开发。同时，不要强求男人为你浪漫，他在费尽心思为你浪漫时，他的浪漫细胞也在消耗，你应该让男人留着点用，省着点用，让浪漫可持续发展，而不是过度开采。

第四章　太直接了，就成为男人眼中的"拜金女"

在一些电视相亲节目中，一些女嘉宾开口房子，闭口收入，如此赤裸裸的物质要求让很多人，包括女人都接受不了，网上愤青的讨伐，广电的封杀，给她们的形象造成了影响。也许很多女孩心中都在乎这些物质，但如果赤裸裸地表达出来，就有些不妥了。所以，做人要低调，更要懂得含蓄表达！

别说躲在宝马里哭，也别开口就是豪宅

几年前，相亲节目火了，也火了一些相亲的女嘉宾，特别是那句"宁愿坐在宝马里哭，也不愿坐在自行车上笑"红透大江南北。对于他们是否炒作，是否是节目找来的托，这些我们且不谈，但他们对物欲赤裸裸的要求，却让很多人都难以接受，并触动着每个人的敏感神经。很多女孩因此成为了话题人物，大家对他们的关注度甚至超过了明星。她们很在乎男人的收入、房子、车子，并毫不掩饰地表示自己对这些东西的喜爱，而当一个一无所有的男人站在他们面前时，他们会毫不客气地拒绝，更不会在乎对方的感受。

比如，在某节目中，有男嘉宾要和几位女生依次握手时被一女子无情拒绝，她的理由是，"我的手只给我男朋友握，其他人握一次20万"。主持人问其为什么是20万，而不是10万或者25万时，该女子毫不客气地说："因为我的男友就是要20万月薪才行的！"女子说完这句话，全场愕然，我想那位男嘉宾挺伤自尊的吧。

该女子择偶的标准毫不掩饰，就是要有豪宅，月薪必须20

万才行。

　　她说过的名言还有：他给不了我住豪宅的梦想（评价男嘉宾的第一感觉）；我闻到了钱的气味；我这是在鞭策他啊（自己错认为男嘉宾有钱后说的话）；醉后方知酒浓，爱过才知情重，穷过之后方知钱的重要（回答主持人的话）；我看到了豪宅的钥匙！

　　也许那是很多女孩的真实想法，这点大家都是心知肚明的，但一个女孩在相亲的舞台上如此赤裸裸说出自己的条件，实在刺痛男人敏感的心，也让大众难以接受。她们的爱情观充斥着金钱、地位、权力和贪婪。这不仅引起了中国社会对节目中盛行的畸形"婚恋观"的广泛批评，也引发了观众对社会主流价值观被挑战和践踏的深深忧虑。

　　于是，她们成为了观众和网友的众矢之的，受到了社会的普遍批评，有的男嘉宾参加节目就是为了好好"教训"一下节目的一些拜金女，说她们不该站在这个舞台上，应该把机会让给那些真正愿意相亲的女孩。

　　有一男嘉宾笑着说："我虽然开小排量的车，但是我的女朋友比你们好看。"而大家在网上对她们的批评更是空前的热闹，她们已经成为了大家泄愤的靶子，因此她们参加节目时常常被观众群起而攻之。

　　其中，一位女嘉宾还因为自己的赤裸裸的择偶条件被广大网友批评和人肉搜索，以致扰乱了她的正常生活，不敢再参加节目，连工作都受到了影响。有人说她就是一个率真的女孩，人很好，工作表现突出。还有的人说她家庭条件不好，吃过苦，所以想通过结婚来改变自己的命运，这是无可厚非的，连她自己都说："你没有穷过，你不知道那种滋味，我确实需要钱，我一个人撑不起家，我想改变自己的命运……"然而不可否认的是，她的确为自己的言论付出了沉重的代价。

该类相亲节目赤裸裸的爱情观、择偶观还引起了国家有关部门的高度关注，广电总局于2010年6月12日通报，总局2日和8日先后下发管理通知规范婚恋交友类电视节目。通知要求，婚恋交友类电视节目不得展示和炒作拜金主义等不健康、不正确的婚恋观。之后，央视、人民日报等主流媒体相继对相亲节目提出批评。

可以看出，整个社会还难以接受"拜金女"的存在，对她们有一种天然的敌视，无论男人和女人都是如此。如果一个女人开口是宝马，闭口是豪宅，会吓跑男人的，容易给别人留下不好的印象。要知道，给人留下一个好形象是很难的，但给人留下一个坏印象却极其容易，说话太直接了，"拜金女"的帽子就会戴到你的头上。

小西的家庭条件不是很好，父母都是农村的，她大学毕业后留在了城市，这在邻居间引起不小的轰动，要知道他们的孩子高中没毕业就打工去了，几年后还是回家结婚生子，始终走不出农村。如今小西成为大家眼中美丽的凤凰，都认为这个女孩子一定会找个城里的老公，能住上豪宅，过幸福的生活。

小西那时也下定了留在城市的决心，并和大学时的穷男友分手，不是她不爱那个男孩了，而是有很多现实的问题让她无奈地放弃多年的感情。男朋友要回家乡发展，但她的眼中那是一个小地方，不会有发展前途，而且男朋友家境一般，啥都没有，所以根本无法给她一个可以改变自己命运的未来。

小西很想找个城里的男朋友，这个男朋友未必是最帅最有钱的，但起码要在这个城市有属于自己的房子。她其实不是贪财，只是想让自己过得好些，这样她就可以帮助家中的父母摆脱贫困，还能让周围的邻居和同学看得起自己。

当时公司有很多年轻同事都在追她，可她并不想和他们谈恋爱，因为这些男人还是一无所有的"蚁族"，他们没房没车。每当男人追求她时，她总是毫不客气地说："请问你有房有车吗，没有的话，就别和我谈恋爱。"慢慢地，周围的男同事都不敢再向她表白了，并送她外号"超级拜金女"。

小西原本是个工作很努力的女孩子，比任何女孩都愿意吃苦，也不爱花钱，打扮得也很朴素，当时一个主管对小西的印象不错，小西也幻想着个"金领"有一天会成为自己的老公，两人的关系一直很暧昧。然而，她的"拜金女"形象已经深入人心，大家都觉得她是一个

第四章　太直接了，就成为男人眼中的『拜金女』

贪图富贵的女人，很多男人都不屑于追求她，连女孩都不想与她走得太近，因为她们也怕自己被扣上"拜金女"的帽子。

后来，那位主管也不和她搞暧昧了，而是和另一个女孩走得很近，平常还经常批评小西工作做得不好。小西觉得自己很委屈，她除了对男人有些高要求外，并没有其他的缺点，相反，她觉得自己比任何女孩都优秀，特别是那个情敌，小西认为那个女孩同样很在乎物质，很想嫁个有钱人，而且工作不努力花钱却特别奢侈。她为什么就不被大家讨厌，还能赢得上司的喜爱？也许答案只有一个，那就是会掩饰自己，没有给人留下拜金女的印象。

看了小西的故事我们明白，当你给男人留下"拜金女"的印象时，无论你多么优秀，多么漂亮，所有的男人都不会喜欢你。因为那些不能满足你要求的男人，觉得自尊心被你伤害了，他们在内心中除了自卑就是对你批评和愤恨，而那些能满足你条件的人对你也会不以为然，他们会反问：你有资格得到这一切吗？

所以，不要开口是宝马，闭口是豪宅，无论多么拜金都不要讲出来，千万别给周围的人留下"拜金女"的印象，这对你恋爱和相亲是不利的。

富男人诱惑"拜金女"，但不会找她做老婆

"拜金女"都会有一个幻想，就是幻想自己有一天能嫁入豪门，过上富太太的生活，或者傍一个大款，从此衣食无忧。而对于这个男人是不是个好人，有没有守法经营，却不是她们关注的核心，反正有钱就行。

而对于普通女孩而言，她们虽然不像"拜金女"那样贪婪，但每个女孩都希望自己嫁得好一些，盼望着自己能找一个经济条件好一些的男人，不说这个男人特别有钱，但起码要有房子住，有车子，有足够的票子花，毕竟没几个女人做梦都想嫁给一个穷男人。当然，她们不会仅仅为了钱为选择男人，她们对男人也有着美丽的幻想，这个男人在有钱的同时，还要人品好、气质好等等。

于是，那些有钱又有魅力的富男人最能吸引女人，也最能诱惑女人，而女人也无法阻挡这种诱惑。这样的男人能满足女人的虚荣心，让女人过上舒适的生活，不必再为生计而劳累奔波。他们还可以给女人安全感，无论发生多大的事情，成功男人都有办法去解决。除了物质上的优势外，富男人也是女人眼

中最有魅力的男人，他们气度非凡，能侃侃而谈，女人崇拜和迷恋这样的男人，并愿意被他们征服。

比如，在电视剧《蜗居》中，当海藻遇到宋思明这个被权力包装的"富男人"时，自然也难以阻挡他的诱惑。有了宋思明这样的男人，她就有能力去帮助姐姐，可以满足自己的贪婪去随心所欲的花钱，还可以住上宽敞明亮的大房子，甚至可以不上班。

在这个社会上还有很多类似宋思明一样的男人，他们很了解女人，知道女人想要得到什么，善于抓住某些女性贪婪的一面，然后他们就会利用手中的权力和金钱去诱惑贪婪的女人。这时不是男人败在漂亮女人的石榴裙下，而是漂亮女人被富男人的诱惑给击溃了，成为男人怀里温柔的羔羊。

生活中，这样的事情比比皆是，这些富男人依仗自己有钱有势，妄图去征服一切，特别是年轻漂亮的女人，以满足成功男人的虚荣心和优越感，或者仅仅是自己身体上的欲望。于是社会上才出现了那么多的潜规则、包二奶、吃喝嫖赌、玩弄女人的感情的事情。虽然不能说男人有钱就变坏，但有钱的男人总想找个漂亮的女人"谈恋爱"，即便家中有老婆，他也想到外边尝尝鲜。

你觉得这些诱惑你的富男人会真的喜欢你，愿意把你变成老婆吗？也许会，那是你恰好遇到了一个有情有义，并愿意为你负责的好男人，但多数情况下，你不过是这些富男人欲望的牺牲品罢了。他们对感情抱有一种玩的态度，他会对你好，但不会永远好，他会爱上你，却不愿意让爱情修成正果。

可以说，一个男人愿意潜规则让他垂涎欲滴的性感女人，却不会爱上她；一个男人喜欢包二奶、找小蜜，但却很少有男人让她们转正的；同样，男人喜欢诱惑贪婪的"拜金女"，却不会找个"拜金女"做老婆。因为男人也很现实，他们知道什么样的女人更适合做老婆，什么样的女人才适合去爱，而那些贪婪的女人、容易被诱惑的女人是不适合做老婆的。

有时候，男人腻了，会把你忘得一干二净，甚至会把你一脚踢开；有时候，当你决定付出感情时，却发现自己原来只是个第三者。这时你才明白，这个男人诱惑你的目的不是为了让你成为他的老婆！

我们看这个故事：

> 刘淼是个漂亮的白领，能干又漂亮，不过她一直没有找到合适的男朋友，之前处过几个，但觉得他们太没出息，最后都分手了。然而，没有爱情的女人是孤独的，后来她和公司里一个年轻有为的工程师恋爱了，这个男人比以前的男朋友有上进心，长得也帅气，很适合做她的潜力股。
>
> 但是，刘淼是很在乎物质生活的女孩，她喜欢购物，喜欢各种高档化妆品，喜欢各种时尚的消遣方式。显然这些东西都是工程师无法满足她的，在这个城市里，房价高得离谱，工程师靠"啃老"交了首付后，每月好几

千的房贷让他成为了房奴，再加上这个城市高额的消费成本，他们的生活压力很大。有些时候刘森会对这样的生活抱怨，还有些后悔当初没找个有钱人做男朋友，否则就不会这么痛苦了。

正在刘森苦恼时，她的生活里出现了另外一个男人，还是一个有气质、有魅力、有钱的钻石王老五。他是另一家公司的老总，在一次业务谈判时，他们相识了。他请她跳舞，请她喝咖啡，她都没有拒绝，后来，他还经常以各种理由给她买贵重的东西，她也没拒绝。她很清楚这个男人在试图追求自己，何况这个男人这么优秀，这么有钱，还这么热情。她心动了，与男朋友相比，她觉得这样的男人才适合做自己的老公。

当刘森向男友提出分手时，男友十分的不理解，他每天不停地工作，努力赚钱还房贷，就等着有一天赚够了钱就和刘森结婚，难道自己的努力不够吗？刘森只是说生活太现实了，我不想做一个房奴，不想每天都为房子而奔波。而且外界的诱惑太多了，她不想拒绝这份诱惑。男友气愤地说："你是个拜金女！"刘森却不以为然地说："每个女人都希望自己有一个好的未来，何况选择嫁给什么样的男人是她们自己的自由。"男友冷冷地说："你以为那个男人会喜欢你吗？总有一天你会后悔的！"

刘森并没有把前男友的话放在心上，她觉得这个男人是真诚的，他有气质有涵养，愿意为自己花钱，她无法抗拒他的诱惑，她想得到这个男人能给予自己的一切，而且男人还告诉刘淼他目前还单身。于是，刘淼不顾一切地和这个人走到了一起，并理所当然地过上了她想要的生活。

一年又一年过去了，转眼刘淼已经27岁了，到了要嫁人的年龄。这时家人都催她快点和这个富男人结婚，得有个名分才行。刘淼嫁入豪门的欲望也强烈起来，就想让这个男人娶自己。可她发现这个男人对结婚之事很不当回事，有时还是一种回避的态度。他总是说自己现在公司的业务很忙。

等到她30岁时，男人还是没有结婚的打算。刘淼越来越没有安全感，她就吵着闹着让这个男人娶自己，给自己一个应有的名分。刚开始的时候，男人还能哄哄她，并在物质上尽量满足她。后来刘淼把他闹烦了，这个男人就渐渐冷落了刘淼。在刘淼的逼问下，两人相处5年后，男人终于说出了实话，他其实早就结婚了，妻子和孩子在温哥华。

男人的话让刘淼不敢相信自己的耳朵，原来这个男人一直在欺骗自己，但刘淼还是不甘心，她觉得这个男人还是爱自己的，就让男人和自己的老婆离婚。然而男人却说不可能，他是不会和结发夫妻离婚的，作为补偿，他愿意送一套房子给刘淼。

刘淼这才意识到自己被这个男人长期玩弄了，她嫁就没有打算给她一个好的未来，他只是想找一个在寂寞的时候能陪着他的女人，而天真和贪婪的刘淼被男人的诱惑害得好惨。

所以说，不要觉得找个富男人就可以嫁入豪门，有时候你的贪婪会使你掉进男人的陷阱里，成为他们欲望的牺牲品。女人的贪婪是容易被男人诱惑的弱点，你应该理智去看待富男人对你的好，避免成为下个刘淼。

你可以听听的建议

1. 富男人不会白白地为你付出，选富男人须谨慎。

一个富男人不会平白无故对一个女人好，他们都有目的的，不会白白地为你花钱，也不会免费送你豪宅和豪车，如果他这样做了，或许他真的爱上了你，愿意有一天与你走进结婚的礼堂。但更多的时候，男人的好是不安好心的。所以，当一个富男人对你特别好时，你一定要看他是真的爱你，还是把你当情人。

2. 你要经得起男人的诱惑，做有原则的"拜金女"。

女人选择有钱的男人没有错，这完全是你的自由，但你必须做个有尊严、有原则的"拜金女"才能赢得男人和他人的尊重。当一个富男人诱惑你时，你一定要有自己的原则和坚持，不要随随便便就被男人的诱惑给击败，这样，真正喜欢你的人会对你刮目相看，而那些不怀好意的男人也会放弃歹念。

3.已婚的男人离他远点，别当了小三还不知道。

有一部分富男人经常是"家里红旗不倒，外边彩旗飘飘"，他们有钱了就喜欢诱惑那些不谙世事，又贪图享受的女孩。对于这样的男人，他对你再好你都不要接受，他不会对你负责的。因此，当一个富男人追求你时，你一定要了解他真实的背景，看看他有没有结婚，愿不愿带你去见他的父母，从细节去观察这个男人有没有说谎，千万别等对方的老婆都找上了门，你还不知道已经当上了小三。

想找个条件好的没有错，但要委婉表达

我们前面曾说女孩都想找个经济条件好点的男人，这是女人自由的选择，男人可以抱怨，但没资格指责。许多女孩心中都有一个富贵梦，小时候幻想王子和富丽堂皇的宫殿，而长大后，她们希望未来的老公要有一定的经济条件，不然做"剩女"也不结婚。

但是，你对物质的要求不能赤裸裸的讲出来，不然像我们在本章第一节讲到的那样，给别人留下"拜金女"的印象，如此穷男人不敢高攀你，富男人也不愿意娶你，导致你越想嫁得好，就越嫁不出去。

如果你既不想降低标准去选择一个条件差的男人，又不希望自己在大伙面前留下一个坏印象，你该怎么办呢？这时你就应该学会委婉表达！委婉是相对于赤裸裸的表达而言的，这种表达含蓄而不张扬，低调而稳重。通过交谈中的语言、手势、表情、行动或某种符号，用含蓄的、间接的方式表达出一些想说又不能直接说的话语，使他人明白你的想法。

通过委婉的方式去向男人表达你的要求，既能不伤穷男人的

面子和自尊心，也能让他们心平气和地接受。通过这种方式，你才可以找到真正适合你的富男人，不会给他们留下"拜金女"的印象，说不定他们还会觉得你的含蓄很可爱。

我们看这个故事：

张琳和男友毕业后在上海这个大都市工作，他们的薪水都不高，为了省钱，他们在一个拥挤的弄堂里租了一间房子，那里住着一群底层居民，还有一大批像他们这样刚刚毕业的大学生。他们有的合租，有的同居，还有的单独租一个小房间"蜗居"的。

几年里，他们一直挤在5平方米不到的房间里，男友常常笑着说这才叫"蚁族"生活，没钱就租房子住。但作为女人，张琳真的希望有一套属于自己的房子。张琳对男友有很多的怨言，觉得他除了那份纯情外，并没有什么优势。我们每月有4000多元的收入，除掉日常开销，每月还能剩下一部分钱，而男友却很满足现状，对未来的生活没有规划。时间长了，张琳开始讨厌这种生活，对男友越来越不满，张琳真的希望男友能像其他男人一样在上海闯出一片天地来，即便那个目标很遥远，但至少能让她有盼头。有一天，张琳终于忍不住了，就在房间里发牢骚说："难道我们一辈子住在这里吗？"

男友很不屑地回答说："你知道在上海买一套房子需要多少钱吗？咱们交得起首付吗？即便交了首付，咱们能还得起贷款吗？别天真了，只要两个人相爱，住哪里都是幸福的，不要再去羡慕别人了。"

张琳也生气了："你不去努力，怎么就知道买不起呢！你天天说爱我，说会永远和我在一起，难道除了爱，你不想让生活变得更好些吗？"

之后，他们开始天天吵架，张琳有了要离开他的想法。张琳虽然不是一个"拜金女"，但张琳也希望自己的生活能过得好一些。眼前的这个男人她看不到他的未来，如果他是个积极上进的潜力股，或许张琳愿意陪他一起吃苦奋斗，但关键他不是这样的人。

于是，张琳想和他分手，她要对自己的幸福负责。但是该怎么和男友提出分手呢？如果直接告诉他，说要找个比他条件好一些的男人，或许他会认为自己是个"拜金女"，周围的人也会指责自己。另一方面，男友虽然不怎么努力，却是一个自尊心很强的人，所以，张琳想用一种委婉的方式和他分手。

过完年回来的时候，张琳对男友说："咱们年龄都不小了，你有没有打算娶我？我不想再等了。这次回家，家人已经逼着我结婚了，如果我们再这样下去，我家人非得逼着我回家相亲不可。你说该怎么办？"

男友沉默了，盯着电脑屏幕玩游戏，没有再说话，一个劲地抽烟，整个房间很压抑。

张琳停了停接着说："你可以不在乎婚姻，但我是女人，我很在乎，我不想在这个狭小的出租房里结婚、生孩子，不想等孩子出生后没有奶粉钱，不想孩子出生后过像我们一样寒碜的生活……我们分手吧，我想你会理解我的。"

张琳又说："其实，你是很好的男生，你很聪明，只要你肯努力，你总会成功的，到那时你就可以找个比我更漂亮的女孩，你有能力让我有后悔的那天。"

男友依旧沉默着，许久，他的目光从电脑屏幕前移开，看着张琳慢吞吞地说："好吧，我们分手，并感谢你的离开让我意识了自己的责任……"

带着愧疚，张琳离开了男友，她希望在自己离开之后，他能够变得努力。接下来的日子里，周围的朋友开始给张琳介绍新的男朋友，没有人知道他们为何而分手，张琳也不想去告诉别人自己是多么现实的一个女人，更不能赤裸裸地告诉别人自己要找一个条件好的男人，那样对自己影响不好。

一些男同事知道她分手后，开始试图接近张琳。而那些男人和前男友没什么差别，都是一群不求上进的人，张琳一一委婉地拒绝了他们，并告诉他们说："等一天你们有能力为女人在这个城市撑起一片天时，我会考虑的。"

如此，很多男人都在心里明白了张琳要找什么条件的男人，不够自信的男人都放弃了，而有底气的男人却锲而不舍。他们不觉得张琳是"拜金女"，也不是贪图富贵之人，相反觉得张琳是一个有追求的女孩，认为张琳的那些要求很正常，一个优秀的女孩理应找一个更有优秀的男人。

　　一年后，张琳找到一个令自己心仪的男人。他虽然不是一个钻石王老五，却年轻有为，是个图书策划公司的经理，叫陈平，已经策划了好几本畅销书，有文化、有气质，而且特别有上进心。他们就恋爱了，张琳还辞职来帮他，两个人一起在图书出版行业打拼。再后来，他们买了房子，也组建了幸福的家庭。而当初的男友如今也取得了不错的成绩，在一家公司做项目经理，这让张琳很欣慰。

　　可以看出，张琳并不是一个十分贪图富贵的"拜金女"，她只是不想跟着一个不求上进的穷男人过没有幸福感的苦日子，她有权去选择属于自己的幸福。然而，她在分手的时候，却用一种委婉的暗示，告诉男人分手的原因，并激励他进步。之后，张琳在选择其他男人时，同样通过委婉的暗示告诉对方自己想找什么条件的男人，从而最终找到了如意郎君。

你可以听听的建议

　　1. 通过委婉的对比，给男人危机感，并督促他上进。

　　不是女孩不愿陪穷男人吃苦，不愿过那种"蜗居"和"蚁族"的生活，而是现在的一些不思进取的年轻男人太多了，他们还不够努力。如果你想把自己的未来投资给这个男人，就应该激励他上进。当然，你的方式应该委婉一些，比如告诉男人自己的姐妹都嫁给一个好老公，或者一些周围的优秀男士在追求你，通过这种方式去暗示男人，给他一定的危机感，督促他努力。

2. 用一种委婉的方式说出你的条件，让男人揣摩。

你想找一个条件好的男人没有必要讲出来，讲出来就显得你很拜金，你可以通过另一种委婉的方式讲出来。比如像故事中的张琳一样，说出你欣赏的男人类型，而这种类型的男人正好具备一些你所要求的条件，如果对方具备他就敢追求你，不具备就知趣放弃。

3. 用委婉的方式拒绝穷男人的追求，别抹杀他的希望。

如果你觉得一个穷男人不能给你幸福，不具备你所要求的条件时，你且不要去打击对方，不能像"宝马女"和"豪宅女"那样把穷男人说得遍体鳞伤，无地自容，抹杀他们对爱情的美好向往，这是不厚道的。有时候，拒绝一个人的求爱不能说实话，善良的谎言是对别人的一种尊重。

无论多么爱花钱，都可以适当伪装一下

我们看这个男人的烦恼：

这些天一直过得很闷心，老是和女朋友吵架，为了什么呢？还真没为什么大不了的事，就是两个人的消费观不同罢了，我是一个很节省的人，而她却是一个十分爱花钱的女人，让我有点吃不消。

我是农村出来的孩子，父母没有太多的收入，缺钱的生活让我觉得未来没有安全感，所以提倡储蓄式消费，能不花的钱就不花，不喜欢过月光族的生活。而我女朋友家庭条件却不错，从小没受过什么苦，被父母宠爱着长大，所以在消费方面很随意，每个月两人的钱基本上都被花得所剩无几，如此下去，我们哪里有钱买房，更不敢想以后的生活。

女朋友为什么会这样呢？通过我的观察发现，她有购物的癖好，喜欢逛商场、超市、专卖店，每天都会去，不是因为需要才去购物，而是因为有瘾才去购物。如果

东西买来了，就可以安静几天，可几天过去了，瘾又会来，只要银行卡里有钱，她就忍不住去花钱，直到卡里透支为止。

说实话，我是很讨厌爱花钱的女人，因为她们不知道生活的苦，不懂得心疼男人的钱袋，更不知道男人的压力有多么大。我虽然讨厌爱花钱的女人，可我却深深的爱着我的女朋友，除了爱花钱，她其实是一个很不错的女孩。她善良，聪明，不嫌弃我的出身，她还为了我放弃那些门当户对的富男人。

我真的很苦恼，我深深的爱着她，却无法忍受她如此的消费方式，想过分手却放弃了，只希望她以后能节省一下。

我们再看一个女人的烦恼：

我和男友都刚毕业，处境都不是很好，男朋友每月也就3000块钱，而我大半年了却没有找到合适的工作，在一个超市做促销员，每月也就2000多元。因为我们是恋人，因为我是他的女朋友，所以也没觉得被他养着有什么不可以，就心安理得地花着他赚了的钱，而自己的钱更会花得一分不剩。

那段日子里，我有时会让他帮我买东西，平常出去都是让他掏腰包，我绝对不是想贪他便宜，只是我认为男友为自己花钱是理所当然的事情，姐妹们常常说男人爱一个女人就应该舍得为她花钱，不舍得就证明这个男人太小气，不适合做男朋友。而从另一方面说，女人爱花钱其实是在考验男人的胸怀。所以，他每个月都存不下什么钱。

然而，面对如此爱花钱的我，他有些受不了了，他说我花钱太厉害，我并没有把他的抱怨放在心上，依然我行我素。然而接下来发生了一件事，却让我们的爱情走到了尽头，他在一次豪爽之后，就提出了分手。

原来我一直想买一件东西，别的女孩都有了，我也想有，便缠着他让他给我买，他这次什么都没说，就把钱包里的钱全给我，让我自己去买，我那时也有点生气，就真的把他钱包里的钱全要了，因为他以前也给过我钱，我想问题应该不大。但是我不知道他就剩下钱包里那点钱了，卡里已经没存款了，我却全要了。

我天真地觉得这是男朋友醒悟了，知道该为女人花钱，可想不到第二天就说要和我分手，说我不适合做老婆，他不愿意和一个爱花钱的女人在一起。我一再逼问他才和我说是因为我明知道他没钱，还把他全部的钱拿走了，这令他很失望。

我那天很后悔，就请他原谅我，并保证以后不再这样。从那以后，我再也不敢大手脚花钱了，我也明白，每个男人都不喜欢爱花钱的女人，一个女人在结婚前太爱花钱，容易给男人留下不好的印象，甚至到手的男人也跑掉。

看了两个烦恼的故事，我们可以看出男人在面对一个爱花钱的女人时会特别苦恼，就像文中的两个男人，他们都无法忍受女朋友如此大手脚的消费方式，第二对俩人还差点因此而分手。

有些女人不仅自己爱花钱，还特别喜欢让男人为自己花钱，并认为这是男人应该做的，花男人的钱也是理所当然的。她们的经典名言就是"男人爱一个女人，就不要吝啬你的口袋里的票子"。

有一个女孩这样说道："女人很在乎是否能花上男人的钱，因为这是衡量她在这个男人心中重量的一个标准。要明白，女人不会把你的钱花光的，相信你所选择的女人，花你的钱是为了证实她在你心中的位置，享受着来自你的宠爱，然后再毫无保留地把自己的爱全部回报于你。

这个女孩还说道："看一个男人爱不爱一个女人那就是看他愿不愿意在这个女人身上花钱。如果不愿意，那就不是爱了。一个女人爱不爱一个男人时就是看她愿不愿意花这个男人的钱，如果没有爱，那这个女人就不会花你的钱了，所以珍惜花你钱的女人吧。"

该女孩的观点代表了很多女孩的恋爱观，所以，她们在和男朋友恋爱的时候，特别在乎男人愿不愿为自己花钱，毕竟

"钱"这个话题很敏感，也最能考验一个人真诚和虚假。如果男人不舍得为你花钱，就说明他的爱缺乏诚意，太抠门，如果这个男人舍得为你花钱，则说明他愿意为你付出。

但是，女人希望男人愿意为自己花钱，男人却打心底里不喜欢太爱花钱的女人，更不情愿为女人大手脚地花钱（那些诱惑你的风流男人除外），他们之所以大方，只是男女恋爱的不平等性，使得男人必须遵守恋爱要为女人花钱的这条"钱规则"。不仅是男人，一个爱花钱的女人就如同"拜金女"一样不会被主流价值观和道德观所接受，她们在大众眼里都是不会过日子的女人。

因此，当一个男人能遇到一个不爱花钱的女人，绝对不会选择一个爱花钱的女人，也许一个男人可以在恋爱的时候大手脚地为她花钱，当他真的要考虑结婚对象时，他可能会有很多顾虑。可以说，当你给男人留下爱花钱的印象时，也意味你们分手的风险性在增强，同时，与其他女人相比，你的竞争力也在下降。

那么，一个爱花钱的女人该怎么办呢？为了能给男人留下一个好印象，也为了爱情能够长期稳定，这时你不妨收敛一下自己爱花钱的行为，或者适当伪装一下，别让男人觉得你是特别爱花钱的女人就行。

其实，恋爱时的女人需要一点伪装，这不是虚伪的表现，而是恋爱的策略，就像男人婚前都是勤奋的一样。只要你在以后的生活里不特别奢侈，一个大方的男人是不会吝啬自己的口袋的，而那些过于吝啬的男人你完全可以放弃。也就是说，无论男人是大方还是小气，你都不要把自己爱花钱的本色赤裸裸地展现给对方。

你可以听听的建议

1. 千万别把你那套理论说给男人听。

前面我们讲到，女人常常把"男人愿不愿为自己花钱"作为对男人的一个考验，但是你千万别把这套理论讲给男人听，你自己心里明白就可以了，别让男人知道你是这样想的。其实，考察一个男人愿不愿为你花钱，应该看他是否自觉，不能由你来要求他应该怎么样对待你，怎样来爱你。

2. 不要在恋爱的时候太奢侈，收敛些。

男人会在恋爱和结婚前去展现自己最好的一面，女人也应该如此，别觉得你是被追求方就可以无所顾忌了，你应该在恋爱的时候收敛一下自己爱花钱的性格。比如不要总买最贵的东西，不要花钱如流水，你可以展现你会节省的一面。同时，不要总让男人为你掏腰包，要适当为男人花钱，吃饭也要有买单的时候。

3. 去展示你其他方面的优点，弥补你的形象。

一个人的缺点会影响他的整体形象，同样，一个人的优点能让别人忽视他的缺点。你应该多向男人展现你其他方面的优点，如果你聪明、善良，也有足够赚钱的能力，我想即便你爱花钱，也不会影响男人对你的喜欢。

第五章 结婚不是恋爱，你不得不面对的现实

　　女孩在学生时代可以不顾一切地爱上一个男生，但长大后，她在婚姻的问题上会变得迟疑，不会轻易地嫁给一个男人。为何呢？因为婚姻是最现实的，女人要找的不是恋爱的对象，而是一个能过日子的老公。为了能建立一个和谐的家庭，适当的"门当户对"是理性的，共同的价值观是不能忽视的，最后还要有一个好婆婆。

婚姻不是琼瑶剧，需要点"门当户对"

"门当户对"是个老生常谈的话题，在现代社会依然被大家讨论着，不同的人对此都有不同的看法，处于象牙塔的少男少女会理直气壮地说"门当户对已经不属于这个时代了"，提倡自由恋爱，年轻男人则是不顾一切地大胆去爱，完全不信这套理论。

然而，我们的父母总显得不那么开明，他们总想找个令自己满意的乘龙快婿，这个男人要在各个方面都符合自己的要求，不说太出众，但起码和自己的女儿在各个方面不要差距太大，差得远了就觉得配不上自己的女儿。之所以这么做，就是为了女儿能过得幸福些，起码不能比自己过得差。

看来，"门当户对"并没有因为时代的进步而退出历史的舞台。那么，"门当户对"到底是重要还是不重要的呢？可以肯定的说，只要两个人决定在一起，只要两个人真心相爱，一切的"门"和"户"都是次要的，起码在法律上不会干涉你们。

然而，生活是现实的，也是理性的，两个人要想过得幸福，还是需要点"门当户对"才能够和谐。为何这么说呢？因为两个人走入婚姻的殿堂，你们之间面对的不只是爱情和承诺，而是一些实实在在的东西，比如收入差距，双方的父母、亲人、家族，彼此接触的圈子，生活习惯，消费观念等等。如果两个人在这方面差距太大，生活中难免会有很多矛盾，这势必会影响两人的幸福和与父母的关系。

很多夫妻恋爱的时候轰轰烈烈，爱得纯真，爱得浪漫。为了爱情，他们不顾父母的反对，不顾双方之间的差距走到了一起，或者私奔，或者"生米煮成熟饭"，然而当他们步入婚姻的殿堂，接触到现实的生活后，他们不得不因为双方的差距而产生矛盾。

可以肯定地说，当有一天你当了父母，你也会在乎一点"门当户对"。长辈们反对，是因为他们都是过来人，经历过现实生活的考验，知道选择一个什么样的女婿能够让女儿过上幸福和谐的生活，能减少麻烦事情，完全是出于对子女的爱。

其实，"门当户对"目的不是嫁个条件好的男人，而是为了两个人能够和和谐谐地生活在一起，有共同语言，能彼此融入对方的家庭和圈子，减少因双方各个方面差距大而产生的矛盾，这是对婚姻的一种理性选择。

现在很多即将谈婚论嫁的女孩越来越重视这个问题。某婚恋网站曾面向其 1700 万会员发放了一个调查问卷，其中一个问题是针对"门当户对"观的。结果有 41.76% 的女性觉得"门当户对"很重要，而只有 28.55% 的男性认为"门当户对"

很重要。这说明门当户对，女性比男性更在乎。

一个已婚女士这样写道："过去的婚姻讲'门当户对'，讲的是门第观念，讲的是阶级地位的对等。我认为今天的婚姻也需要讲'门当户对'，只是它和传统意义上的'门当户对'有区别。我们每一个人都带有自身的条件和资源，有物质方面的也有精神方面的，比如：外表、年龄、身材、工作、经济、家庭、教育程度等等。当男女双方的综合条件达到一种平衡时，才容易彼此接受对方。如果大学毕业找个初中文凭，健康人找个残疾人，白领找个民工……这样的情况不是没有，但不是社会的主流，因为这种不平衡的自身就存在着潜在的不稳定。"

另外，如果一个女孩面对一个比自己十分强势的男朋友及他的家庭，他们双方的条件等因素相差太大，"门当户对"依然不能忽视。我们看这个故事：

我和男朋友是在中学时认识的，那时我长得还算很漂亮，有很多男生追求我，可是我却选择了阿亮。我们早恋了，沉醉在童话般的爱情里，我们喜欢幻想明天，喜欢为爱情许下诺言，说要永远在一起。我也深深地爱着这样的男生，害怕有一天他会离开我，并愿意为他奉献自己的一切。

然而我们之间却有着很多的差距，他的家庭背景不错，父母都是官员，对他要求很严格，不准他随便谈恋爱。而我家庭却一般，父母都是老实人，收入低，周围的亲人过得也一般。另一方面，他的成绩很好，各方面的能力都很突出，加上他官二代的身份，以后一定会有不错的发展。而我成绩却很一般，人际关系一般，未来也一片迷茫。但阿亮却承诺不会放弃我的，他的话令我很感动。

高考后，阿亮考上了一所重点大学，我不幸落榜，到一所民办大学上大专。但是我们的爱情并没有终止，我们还依然那么深爱着对方，履行着爱情的承诺。只要有时间，我就会坐火车去他那里看他，以解彼此的相思之苦。毕业后，阿亮通过父母的人脉顺利进入了政府单位，而我却当了一名普通的幼儿老师，彼此生活在两个不同的圈子里。

不过，我们在一起这么多年，阿亮的父母却不知道我们的关系，阿亮也从来没有让我见过他的父母，我曾去过他家，那是在他家人不在的时候。他的家里真的像电视里演的那样很气派，与我们家简直有着天壤之别。

后来，他的家人还是发现了我们的恋情，结果可想而知，他们很反对我们交往，并把我当敌人一样看待。有一天，他的妈妈约见我，说要好好谈谈，然而见面后她却像审犯人一样，对我进行盘根问底地询问，把我的家庭背景、学历、生活圈子都问了个遍。

没多久，这个女人就对我说："我觉得你们并不适合在一起，我们反对你们交往，不是否定你们的爱情，而是你们不适合生活在一起。你们彼此的差距太大了，你觉得你们以后生活在一起能幸福吗？"

对于她的反问，我不知道该怎么回答。她的态度还是很和善的，而且每句话都很有道理，我们之间的确有很大的差距，如果我们非要在一起，那么结婚以后会幸福吗？天天面对这么强势的家庭，我不能得到快乐的生活。

我和阿亮之间差距确实很大，彼此都生活在两个不同的世界，彼此的生活圈子也变了，他认识的人都有头有脸，而我却天天和一群市井小民呆在一起，有时候他说的话我听不懂，而我说的话他也也不感兴趣，感觉很别扭。

我的家人也反对我们交往，爸爸是有尊严的人，不想去高攀人家，他们更担心我会受委屈。经过深思熟虑，我决定放弃这段感情，也许我有些自私，也许我有些自卑，但我不想为了爱情而牺牲自己的婚姻和幸福，现实生活就是这样的。

"门当户对"不是歧视也不是妥协，而是女性的一种理性的选择。一个女孩可以选择和自己条件差不多的男人，同样，女孩也可以放弃那些与自己相差太大的男人。婚姻是一辈子的事情，它不是琼瑶剧，也不是童话，能让婚姻幸福和谐才是重要的。当然，如果你们之间的差距不会影响你们的婚姻生活，那么你完全可以让"门当户对"见鬼去吧，希望你们就是其中的一对。

你可以听听的建议

1. 双方的家庭背景是否差距大。

如果两人的家庭背景差距太大，必然有一方是强势，有一方是弱势。若是男人家庭很强势，你在这个家庭里面常常会有种自卑感，结婚后，你面对的除了自己的男人，还有男人的父母和他的家族，你小心翼翼地生活会使你很累。假如女方家庭很强势，男人会有很大的压力，如果不够成功，他会比女人活得还累。家庭背景的差距，还会导致在生活习惯、品位等方面不和谐。

2. 经济收入的差距是否很大。

如果两个人收入差距太大也会导致婚姻不和谐，特别是男人收入没你高的情况。男人都是要面子的，当他天天面对一个收入比他高的女人，他心里会特别压抑，对你敢怒不敢言，有时还会莫名其妙地发脾气，要么就天天闷着不说话。所以，当两个人收入都差不多时，男女双方才能感到彼此的地位是平等的。

3. 学历和学识是否差别很大。

如果两人的教育背景差距很大，可能会意味着两人的人生观、价值观，世界观也会有较大差距。婚后生活中肯定是面临各种各样的事情，差距双方很难有共同语言，甚至沟通都出现问题。比如男人的学历太高，你会觉得他不知所云，或者他的学历太低，你的观点他根本就听不懂，这样的婚姻是没幸福感的。

4. 你是否愿意接受"凤凰男"的家人。

结婚不是两个人的事情，你在接受这个男人的同时，还得去接受男人的家人。而那些出身不太好的"凤凰男"，由于他们寄托了亲人太多的希望，他必须去帮助他的家人，比如改善父母生活，供养弟弟妹妹上学等。另外，他家乡的亲戚们有什么事情都想来求你们解决，或者把你们家当寄宿的旅店，这些你都能接受吗？如果你接受不了，请放弃，一个有责任的"凤凰男"需要女孩和她家人的体谅。

5. 父母的建议不能不听。

人在恋爱的时候往往是不理性的，这时听听父母的建议是很有必要的，这样可以防止你少走弯路。而且，婚姻大事不是子女一个人的事情，父母把你养育成人，为你的婚姻大事提点建议是父母的责任和义务，你可以反对和不遵从，但一定要认真听听。

帅哥是女人的奢侈品，男人要实用

小女生喜欢谈论帅哥，特别是最近这些年影视中偶像剧制造的花样美男的来袭，让小女生对帅哥已经到了痴迷的程度。给人的感觉男人只要有良好的外形就能赢得女孩的欢心，这也是郭敬明为何说男人也需要化妆的原因。

但很多时候，帅哥只是女人的奢侈品，他们只适合恋爱、幻想和意淫，若作为结婚的对象，成熟的女人都会三思而行。究其原因，一方面是嫁给帅男人很没安全感，这样的男人容易花心，你的潜在情敌太多，说不定哪天就会被别人抢走。另一方面，如果帅哥没有才气和财气的支撑，他只能做女人的花瓶，除了女大款，一般女人是不想嫁给他的。

你会发现，很多帅哥年轻时迷倒一大片，可当他成家立业后，他的帅显得特别没底气。也许多年之后，当年那个帅哥会让你大跌眼镜，现实的生活让他的帅气一文不值，这时你或许该庆幸年轻时没找他做男朋友了。

我们先看这个故事：

　　我曾经是一个喜欢琼瑶的小说，喜欢花样美男的女孩，我的偶像都是些长相特别帅气的男生，不是他们多么优秀，就是觉得他们帅呆了。于是，我那时做梦都想找个帅哥做男朋友，平常特别花痴，见了帅哥就走不动！

　　高二下学期，我们隔壁班有个男生吸引了我，他在我们学校也是数一数二的帅哥，皮肤很白，个子很高，说起话来有着女性的柔美。这个男生还很臭美，喜欢在上课时对着镜子摆弄发型，因此常常被老师批评，不过在我眼里很可爱。

　　帅哥身边不乏追求的女生，可他总是一副装酷的表情，对女生态度很不好，常常会把某个女生骂得狗血喷头。即便这样，还是有很多女生愿意做他的女朋友，他到底交过几个女朋友我都数不清，反正是我就是喜欢他。

　　后来，我听说他和女朋友分手了，我觉得这是个难得的机会，就想把他追到手。在某一天月色朦胧的晚上，我在校园的林荫小道上拦住他，对着他大声表白。然而，他看了看我，说了句"你不够漂亮"便大步流星地走了。我当时很气愤很想骂他是个王八蛋，还为此伤心了好几天。一个姐妹就劝我说："帅哥有什么了不起，你看他不学无术，他以后不参加选秀节目，不当小白脸，我看以后也没女人要他。"我想也是，并暗暗发誓：我一定要找个比他有出息的男生，等着吧，十年后我看你混成啥样！

值得炫耀的是，我在大学的最后一年就找了个帅哥做男朋友，两人处到了毕业。我以为我们会有个美好的前程，可男朋友除了那张文凭和帅气的脸庞，实在没有多少混社会的资本，他整个大学时代除了泡妞就是玩游戏。

毕业后，我顺利成为一个"杜拉拉"一样的外企白领，而男朋友的工作一直没着落，每个月的房租都是我出，有时他花钱还要我来掏腰包。我觉得这样的生活很可笑，同时也感到压力很大，我是女人，我多么想找个可以依靠的臂膀，有个能为我遮风挡雨的男人，但他却不能给我什么，更别说房子和车子这些物质了。

男朋友一年后去夜店打工，那是类似"天上人间"之类的消费场所，具体做什么不清楚，反正薪水有几千。慢慢地，我觉得两人越来越没有共同语言了，我们生活在两个不同的世界里，我对他有种恨铁不成钢的抱怨。后来他和一个女老板关系很暧昧，我想自己的感情已经被玷污了，他那张帅气的脸庞在我眼里弥漫着腐朽的恶臭。我们分手了。

在25岁时，我遇到了可以嫁掉自己的男人。他虽然没有帅气的脸庞，却是一个懂得生活的男人，他勤奋努力，为了梦想，为了摆脱房奴的束缚奔波在这个城市里。他还是可以依靠的男人，他有一双坚强的臂膀，能给女人安全感。

我这时已经对帅哥失去了兴趣，一个女孩成熟之后，才知道什么样的男人才适合结婚，而那些帅男人只是女人的奢侈品，可以给你幻想却不能给你未来的依靠。当然，看到帅哥的时候还是心动不已，不过仅仅过过眼瘾罢了。

132

一年和老公回家探亲，我在县城遇到了当年那个拒绝我的帅哥，只是那张帅气的脸庞变得沧桑了许多，如果不是他主动叫我，还以为他是个地道的小贩呢！他在路旁的摊位上卖水果，光头，皮肤黝黑，穿着一件皱巴巴的 T 恤。旁边那个有些肥胖的女人是她的老婆，像一个怨妇一样没完没了地说着话。

我想起当年被他拒绝的那一幕，现在甚至有些得意，很想问问他有没有后悔当年那么无情地拒绝我。但紧接着，我由得意变成了同情，心里有种说不出来的酸楚，难道这就是帅男人的命运！于是，我特意买了很多水果，我给他钱，他起初不要，推辞了一会儿，她老婆瞪了他一眼，就收下了。我们刚离开，一群城管就来到水果摊嚷嚷，远远地看见夫妻俩陪着笑脸和城管说着什么，之后他老婆就和城管打了起来，水果在地上乱滚……

我后来听同学说，帅哥当年没有考上大学，没有一技之长的他去了深圳富士康打工，没干一年就回来了。家人给他介绍对象，常常交往不到一月就分手，人家女孩都说："恋爱可以考虑，想结婚没得考虑。"

可悲的是，他后来的老婆却是他当年就看不上的一个同学，这女的性格泼辣，像男人一样彪悍。

听了他的故事，我有些庆幸，庆幸自己当初被他拒绝了。我更庆幸，我果断地与大学那个帅男友分手了，我幸福的人生注定是与帅哥无关的。

的确，一个小女孩会喜欢白马王子，一个青春期的女孩会喜欢班上最帅气的男生，可女孩一旦过了二十几岁，她看中的不再是那张脸，而是一个男人的财气、智慧、能力、魅力。

所以，女人在选择男人时，不要恋色，不要幻想，你应该对男人有一个明确的判断，看看这个男人除了那张帅气的脸庞，还有多少东西能给你带来实实在在的幸福。很多时候，女人的幸福取决于男人，他们可以找漂亮的女人，但女人则不可以，女人们必须找最实用的男人过日子。

你可以听听的建议

1.除了帅，他还有哪些优点。

帅哥是女人的蒙汗药，就像美女会诱惑男人一样。男人的帅会让女人忽视他身上的缺点，让你觉得他身上哪儿都是好的。其实不然，帅哥里面也良莠不齐，有好人，有坏人，有勤奋的，也有懒惰的。所以，遇到一个帅哥，你应该考察这个男人身上有没有一些男人优秀的品质，比如大度、自信、吃苦、顶天立地等优点。

2. 除了帅，他还有哪些资本。

生活是现实的，没几个男人愿意拿自己的长相来混饭吃，男人最终还是要靠实力吃饭的。所以在选择男人时，你应该看看他除了帅，还有多少资本能打动你，比如稳定的工作、一定的财富等，但这些资本未必是物质，比如知识、人脉、生存技能也是资本。

3. 他能成为你背后的大山吗？

有些帅哥给人的感觉总体上缺乏阳刚之气，他们长相柔美，像花一样脆弱，找这样的男人做男朋友，你总觉得要保护他，要让着他，宠着他。女人是需要男人的呵护的，一个好男人应该有一个坚强的臂膀，有一个宽大的胸怀，应该去做女人的男子汉，为女人遮风挡雨，做女人可以依靠的大山。

4. 他是否是有远大的抱负的男人。

一个男人来到这个世界上应该有所追求，若是碌碌无为地活着，那么他的人生不会有任何奇迹发生，更不会成为你的潜力股。所以，一个帅男人如果没有远大的抱负，就会像一个漂亮的女人没内涵一样平庸，你应该找一个有追求的男人。

5. 他是不是一个会过日子的男人。

有些帅哥在家里被父母宠着，在学校里被女生宠着，他们任性、矫情和懒惰，很多事情都等着你做，不会过日子，也不懂得如何与老婆相处，更别说疼老婆，让着老婆了，嫁给这样的男人你会很累很累。

价值观不同，是看不见的隐形矛盾

提到价值观矛盾，我们往往想到的是政治上的不同主张，或意识形态上的格格不入，以及合作中的冲突等等，那么你听说过婚姻中也有价值观吗？有，价值观存也在于我们这个社会和生活的各个角落里，包括婚姻生活。

你可能见过很多夫妻看上去"门当户对"，看上去很有夫妻相，双方还有着高学历、高智商，看不出有什么不和谐的地方，可他们却喜欢争吵，而且很多事情都是无关紧要的小事儿，他们的争吵大概就是价值观的不同导致的。这些年，因价值观不同导致夫妻关系不和的事情越来越多，有的为此冷战，有的渐渐没了共同语言，还有的因此离婚了，可见价值观问题不能忽视。

何谓夫妻间的价值观不同？说白了就是两个人对事物、事情的看法、态度不同，做事情、处理事情的方法也不同，她们彼此都有自己坚持的一套理论，谁也说不过谁，谁也不服输，常常为此争论不休。

这些矛盾大到理念上的不同。比如有些人做事情厚道一些，而另一方则觉得做人要适当圆滑才行，否则老实人总是被欺负。

有人觉得做事情要靠自己一步步地走，而另一方则觉得在这个社会上混必须掌握人脉和潜规则，这样才可以多走捷径。

也有小到生活的方式也不同。比如有人喜欢安静的生活，而另一方则喜欢呼朋引伴的热闹生活。有的人喜欢一种有条有理的生活，花钱很有计划，消费很理性，每分钱都要花在刀刃上，而另一方则是"月光族"，有多少花多少，没有一点理财的概念。

在某个论坛里，有个帖子在连续几个月时间里创下了很高的点击率，每天都有都市男女在替帖子女主人分析讨论这段感情是否该继续。帖子里的女主人公热衷时尚，对自己心仪的服饰、化妆品、手机不惜"节衣缩食"购买，是个不折不扣的"月光族"，而她的男友却是个信奉勤俭持家、对物质享受没有太高要求的人。两人常常为消费的分歧而争吵，彼此都备感折磨。

这样的故事还有很多，比如下面这个故事，两人就是由消费观不同导致的矛盾：

　　我和老公是在朋友的介绍下认识的，我们都是硕士学历，他是学计算机的，在某个软件公司上班，收入待遇很高，我是学中文的，在某出版社做编辑，收入比较稳定。他性格有些内向，不热衷于交际，但心比较细，懂得体贴人。而我性格外向，是个大大咧咧的女孩，喜欢交往，喜欢自由的生活。

　　周围的人都说我们是郎才女貌，特别般配，都有高学历，都有好工作，家庭条件也差不多，可谓是"门当户对"了。而且，我们一个内向，一个外向，在性格上正好互补。再加上他很会理财，还会做饭、做家务，很符合老公的标准。

交往一年后，我们在大家的一片赞美声中走入了结婚的殿堂。可是，当我们真正在一起生活以后，我才发现两个人其实是格格不入的，在很多方面我们都有着不同的价值观，并常常因为意见不和而争吵，更多的时候冷战。除了性格和爱好的不同导致的缺乏共同语言外，我们在消费方面也有着不同的价值观。

我性格大大咧咧，平常喜欢交朋友，生活方式也多种多样，在花钱方面比较随意。而他由于性格比较内向，平常不太爱交际，喜欢一个呆在家里，在花钱方面特别节省，他每月都把省下的钱存进银行。

因为消费观的不同，我们常常会争吵个不停。他看不惯我花钱的方式，觉得很多消费完全是没有必要的，不如把钱财存进银行。而我却不这么觉得，我认为赚来的钱就是要消费的，趁年轻就应该去好好地享受生活，一个人天天呆家里有什么意思？何况那是我自己的薪水，家里的很多东西也是我买的，我花得理所当然！

我们谁也说不过谁，谁也不想放弃自己的观点，彼此间无法好好沟通，就那样僵持着。我们一直冷战两个月了，每晚睡觉都"北"字形。这样的生活真的很累，一对在观念上无法沟通的夫妻是很难有幸福的生活的，我当初真的不应该嫁给他，或许我应该找一个与我有共同爱好，有相同价值观的男人。

但既然嫁给了这个男人，想离婚是没勇气的，两个人要想继续过下去，必须有一个妥协的，学会忍让、学会理解对方的价值观。希望我们的关系可以改善。

可见，价值观不同是婚姻生活中看不见的隐形矛盾，不同的人生态度，不同的生活习惯，不同的做事方法都能引起双方的隔阂。女孩在选择老公时，应该把价值观放在考察范围内，因为结婚是为了过日子，两个人能够和和谐谐地生活在一起才能营造幸福的家庭，而价值观不同的话，两人则很难生活在一起。

价值观不同于其他的矛盾，一个男人可以在其他事情上让着、体谅着你，但你若是触犯了他坚信的价值观，他们很少会妥协的！你应该选择一个与你有着共同价值观的男人，这样你们才能有共同语言，成为志同道合的夫妻。

你可以听听的建议

1. 你们看问题、处理问题有无共同点。

夫妻生活在一起就需要两人共同去面对一些问题，如何分析问题，如何处理问题，你们必须能达成一致意见才行，如果双方各自坚持自己的那套理论不放，争论就难以避免。所以，你在选择男朋友时，应在平常的相处中观察你们看问题、处理问题能否找到共同点，是否有同样的态度和方法。

2. 你能接受对方的生活方式吗？

每个人都有自己喜欢的生活方式，这可能与他的习惯关系不大，背后可能是价值观的东西，比如当年李敖和胡因梦结婚时，一个喜欢安静写作，另一个则喜欢交际，这点大概也是他们闪电离婚的一个原因吧。因此，你在选择一个男人时，你应该看看他有什么爱好，喜欢做什么事情，是如何经营自己的生活的，如果你能接受他的生活方式，你再考虑嫁给他。

3. 你们的性格差别是否很大。

人们常说性格可以互补，比如内向和外向，急躁和细心，张扬和内敛等。可是如果两人在这方面差异太大的话，在生活上难免会有难以协调的矛盾，在交流上也会出现问题。如果你是外向的女孩，就不要找太内向的男人，如果你是特别细心的女孩，就不要找一个做事太粗糙的男人，如果你很内敛，就不要找过于张扬的男人……你应该找一个性格上与自己差别不是很大的男人。

4. 你是否能认同他的价值观。

在价值观的争论中，必须有一方去认同对方的观点才能使争论停止。如果你爱上一个男人，你发现两个人有着不同的人生态度，在很多事情上的看法都不一致，你可以为了爱他而接受他的价值观吗？如果不能接受，在选择婚姻时就得谨慎些。

记住，好婆婆和好老公一样重要

婆婆和媳妇，这两个女人之间永远有说不完的故事，她们不是东风压倒西风，就是西风压倒东风，当然最和谐的情况是两个女人能友好相处。然而，大多数家庭都多少存在着婆媳矛盾，这让夹在中间的男人头痛，也让两个女人很烦恼。

事实上，婆媳间的矛盾和战争从古至今都没有停息过，到了今天这场战争更加的激烈。刚刚结婚的年轻夫妻要和父母同住一个屋檐下，在相处中，两个没有血缘关系的女人常常因为"谁是家中的女主人"，"男人到底听谁的话，应该站在哪一边"，"家务谁该多做些等一些事情"，或者"小孩应该由谁来照看"等事情而产生矛盾。

婆媳间有了隔阂后，即使一时都忍着，但长期下去彼此心里就会疙疙瘩瘩的，在一起十分别扭，从而破坏了家庭的和睦。正因为此，很多新婚女孩在结婚后特别不满意自己的婆婆，日子过得一点都不幸福。

我们看看这些网上女人的抱怨：

A：我和婆婆一直就有矛盾，现在还住在一起，三个月前有了儿子以后矛盾加深。一次，我们因为孩子的事情吵了起来，可是没说几句她就动手打了我一巴掌。这时公公就过来了，没想到的是他竟然帮着婆婆说我找倒霉，看样子也要动手，我就出去找老公了，老公回家找他妈去问怎么回事，这时他妈"一哭，二闹，三上吊"，说自己有多么多么的冤枉。所以老公和朋友就来劝我，说让我回去和婆婆把事情说开了，可是我回去和她再次讲理，她却理直气壮地说没有打我……

B：我和婆婆的矛盾一直没断过，其实也没什么大矛盾，就是因为厨房里的事。可能就像人家说的，厨房是一个女人在家里的阵地，每个女人都要占领了阵地，这样才成为一家之主。可能我和婆婆都有这样的心态吧，再加上婆婆的固执和价值观的不同，我们常常会因为争夺厨房这个地盘而发生"战争"。

C：我和老公在朋友的介绍下认识，老公在私企工作，我在某旅游公司做业务，结婚后和婆婆住在一起，时间长了婆媳间的矛盾越来越深。最先是家务活的问题，我平时工作特别忙，是不可能做家务的，而且出去吃饭的时候比我老公还多，虽然我老公是个经理，但只是人事方面的，出去吃饭的场合不多，所以就造成了我老公天天回家做饭的局面。我婆婆对我特别有意见，经常会在我老公的面前抱怨，指桑骂槐地说一些难听的话。

其次是买东西的问题。我爱漂亮，喜欢打扮自己，因此衣服和化妆品特别多，对于一个天天要会见客户的广告人，不可能穿的太随便，必须上档次相才行，所以我的工资一个月7000多，除了3000还贷款，其余的都买衣服和化妆品了。婆婆对我的做法很不满，经常会指责我乱花钱，我当然也很不客气地回击了。

最后，就是娘家的问题。因为我老家是农村的，很多亲戚会找我办事，亲戚来了总要来家里坐坐或者吃顿饭，可婆婆却不给好脸，让我觉得很没面子。有时候，我的妈妈也会来家里看我，婆婆除了寒暄几句，基本上不愿说话，这让我很受伤。

D: 我去超市给孩子买衣服用了3个多小时，回来后婆婆满脸的不高兴，我小心翼翼地跟她说话，她也是爱理不理的。晚饭时，我抱着孩子让她先吃，然后跟她说有一个妹妹从深圳回来，明天我可能要请她在外面吃饭，不能在家带孩子了。她听到后来了句："那你把孩子带上。"我笑着说："平时我出去的时候你总是说一个人没法带孩子，那你试着一个人带出去一天不行吗？何况我真的有事儿！"这下不得了，她的声音迅速提高了80分贝，好像要吃人似的，我不想让矛盾激化下去，就抱着孩子出了门。

我曾想试着好好地跟她谈一谈，她总是一句："我懒得跟你说，你想咋搞就咋搞。"郁闷死了，到底是谁想咋搞啊？我情愿一天三顿吃窝窝头也不愿意整天口含蜜糖呕着气啊！谁愿意整天看着别人脸色过日子呢？家有这么个婆婆，你将来的日子可就真是惨极了！

　　婆媳矛盾可能不是一方的问题，相互之间都应该忍让一些，但就怕遇到一个不讲理的婆婆，这时脾气再好的女人也难以做到心平气和。若是遇到一个好婆婆，她不会和你争吵，而是像一个长辈一样善解人意，还会给你生活上的指导，还不会与你针锋相对，更不会把你整得服服帖帖。

　　所以说，找一个好婆婆与找一个好老公同样重要，有一个好老公再有一个好婆婆，你的生活才能幸福。在选择老公时，还应该去认真考察你未来的婆婆怎么样，性格、脾气、做事的态度等等，看看自己与她能否相处，如果男朋友还有哥哥，你则可以通过了解未来婆婆和未来嫂嫂的关系如何去窥视一二。

结婚不是谈恋爱，要接受生存的考验

　　有人说有爱情的婚姻才是完美的，但婚姻的现实决定了爱情并不是婚姻的全部，一对相爱的恋人未必能成为最佳夫妻，一个恋爱高手未必能把婚姻经营得有条有理。说白了，婚姻很实在，男人除了会追女孩子，会讨女孩子开心，会制造点浪漫外，他还必须具备很多实在东西，比如男人的生存能力。

　　生存能力是男人能不能适应社会，能否找到好工作，会不会赚钱的能力。或者是能不能让自己的女人和孩子过上好日子，能不能抵御生活中的各种磨难和考验的能力。这是一个男人走入社会以后必须具备的。为何这么说呢？因为一个男人通常是家中的顶梁柱，他是家中主要经济来源的创造者，男人必须有足够的生存能力，能赚更多的钱才能支撑一家人的生存，他还应该是一个家庭的依靠，给家人安全感。

　　在现实的生活中，有一些男人除了有泡妞的本事，真的一无所有了。特别是当下的年轻一代人，他们可能在情场上很得意，可当他们真正走入社会，接触到实际的生活后，所有的现实都扑面而来，他们根本无法适应社会，无法去生存。他们在学校时拿着父母的钱花前月下，吃喝玩乐，不是逃课睡觉就是躲在宿舍里玩游戏，把大好的青春年华都荒废掉了，等到毕业后才他们知道找工作原来这么难。

为了有口饭吃，他们匆忙加入了求职大军，投了上百封简历都石沉大海，进行了多次的面试都被婉言拒绝。混到最后连农民工都不如，每月拿着不足两千元的薪水，这样的男人拿什么去养活女人？比如下面这个故事，主人公木木就是因为男朋友缺乏足够的生存能力才离开了他。

木木在大学时有很多男生追求，她像一个高傲的公主一样，在拒绝了一个个大胆表白和羞涩示爱后，等待着真命天子的出现。她对男朋友的要求蛮高的，长相要帅，身材要高大，说话要幽默，更重要的是要浪漫。

在大二时期，一个叫冬冬的男生走进了木木的生活。起初，木木对冬冬冷淡淡的，多次拒绝冬冬的追求。可冬冬是个不服输的男生，他使尽浑身招数，把高中时追女孩子的方法都用了，而且绞尽脑汁在木木面前制造浪漫或者给她惊喜。经过冬冬爱情的猛烈进攻，木木终于答应做冬冬的女朋友。

交往后，两个人花前月下，享受着大学爱情的浪漫和悠闲。周末时，常常会陪着木木逛街买衣服、买零食、买各种她喜欢的东西，还会去咖啡厅、酒吧之类的地方满足木木的情调生活。除了这些，他们还会去周边的城的生活费都花在了恋爱上，几年下来竟然有几十万之多。

　　由于冬冬把大量的时间都花在了恋爱上，他荒废了自己的学业，他时常逃课去约会，或者陪着木木听外语系的课，而自己的专业课却没有听过几节。到后来，他更懒得去上课了，常常一个人躲在宿舍里睡懒觉，醒来后玩游戏。等考试时，他才挑灯夜战，即便考场做点小弊，他的很多功课还是老是挂科。可以说，冬冬在大学期间除了享受了爱情，除了成为一个游戏高手外，他几乎没有学到什么有用的东西，更别说通过兼职来锻炼自己了，就连社团活动他都懒得去。他总觉得到毕业还早，不着急就业的事情，。

　　毕业后，两个人走入了社会，家里有点钱的冬冬依然不着急，和木木在某小区租了一套房子住。可毕业了总要找份工作的，但没有真才实学，也没有特长和工作经验的冬冬，在求职过程中连连碰壁，找了半年也没有哪个公司愿意聘用他，即便有也是那些薪水待遇很低的销售行业，这些工作冬冬是看不上的，也不缺这点薪水维持生计。

　　木木看到男朋友找不到工作，有了很多的埋怨，她觉得走入社会后就不能像在学校里那样过日子了，生活如此现实不努力是不行的。但冬冬依然不把工作的事情放在心上，也不知道生活的现实为何物，没钱就会向父母要点花。

　　直到有一天，冬冬父母的生意出现问题，不能再给他钱，冬冬不得不靠自己的能力去生存，这时冬冬才发现生存是多么艰难，现实是多么残酷。他开始认真找工作，最后接受了一份只有 2200 元的工作。可冬冬根本不是工作的料，这份工作没干多久就被辞退了，理由是工作态度怠慢，不能用心工作。几年间，冬冬就这样不停地变换工作。他没有多少积蓄，有的只有他廉价的爱，冬冬说以后一定会让木木过上幸福的生活。

　　可木木看不到这个男人的未来，那时她已经快 26 岁了，在这个奔三的年纪里，女孩都希望能早早地嫁掉自己。冬冬虽然很爱自己，给了自己浪漫的爱情，可他并不是一个过日子的男人，缺乏足够的生存能力，嫁给这样的男人自己不会有幸福可言。

　　木木最后还是离开了冬冬，回到了自己的家乡寻找新的生活。

　　男人没有生存能力是不行的，因为女人在婚姻面前都是现实的，她可以跟一个男人谈恋爱，却未必会嫁给他。男人有生存的能力才有竞争力，才能在残酷的环境中坚强地存活下来，我们常说"物竞天择，适者生存"，没有实力只能被比下去，被无情地淘汰掉。这是社会的生存法则，作为女人应该明白这点，在你决定要嫁给一个男人时，不要被男人制造的爱情光环所迷惑，应保持一个清晰的头脑，看看他适不适合做老公，有没有能力去创建一个家庭，能不能去承担一个男人的责任。

你可以听听的建议

1. 他是否是一个离开父母能独立的男人。

有很多年轻男人是被娇生惯养的一代，他们的生活需要父母来打理，花钱总是父母买单，很多事情也是父母帮着来处理，而自己则像温室里的花一样享受着父母给予的一切。这样的男人过于依赖父母，只要离开父母，他们没有一点在社会上立足的能力，所以对于一个不能靠自己的双手生活的男人最好不要找他做老公。

2. 他工作是否积极，有多少生存的技能。

一个人在这个社会上生存，必须有自己的生存技能，知道自己能做什么，做什么能给自己创造财富。如果你不是老板的话，你就必须为别人打工，得有一份工作才行。可很多男人没多少生存的本领，对工作不够积极，这样男人最好不要找他做老公。

3. 激励你的男人成长，使之成为你需要的人。

一个男人能否在残酷的竞争中生存下来不是天生的，也不是一蹴而就的，他需要在生活的磨炼中逐渐成长和壮大，或者期间还会经历挫折。而作为女人，如果你深爱的男人还不够优秀，你也不想放弃这段感情，你就应该陪伴男人成长，帮助他、激励他，并给他一定的压力和鞭策，这样男人才能越来越强大。

第六章　要求太完美易成"剩女"，
男人不会等你来挑选

　　女人成为"剩女"，除了忙和圈子狭小外，重要的是她们太挑剔了，总想找一个更好的，于是就不停地找，直到成为"剩女"时还在找，也许期间曾遇到很多适合自己的，却在犹豫中错过了。有的则是完美主义者，总希望找一个十分完美的男人，结果是每个男人都是有缺点的。有的为了让男人达到完美程度，就逼着男人为自己改变。还有的为了优中选优，就同时和几个男人交往，结果是一个男人也没得到。所以，要求太完美易成"剩女"，男人不会等你来挑选。

不要幻想下个会更好，值得嫁就别犹豫

　　我是一名公务员，在某事业单位工作，然而我到 32 岁时还没结婚，这在周围人看来都是不正常的。像我这样的女孩原本是没什么压力的，工作稳定，长相好，周围可选择的对象很多，而且各个家境都不错。

　　单位的很多女孩早早就嫁掉了自己，而我还单身一个，天天被父母唠叨个没完，我的耳朵都快起茧子了。其实，我并不是找不到对象，只是我被前男友耽搁了。他是我大学时的男朋友，我们相处了八年，然而当我盼望着要嫁人时，他却说爱上了别的女人。那段时期，我特别伤心，一个月就瘦了一圈，把母亲吓坏了。

　　失恋后，我发誓要找一个比前男友更优秀的男人，我是在证明给自己看，也是证明给他看，好让他知道放弃我是他这辈子最后悔的事情。于是，我在家里的安排下开始了相亲大战，可是几年过去了我还是单身一个。这时周围的人开始议论纷纷，家人也着急，告诉我别再挑了，找一个不错的就嫁掉自己吧。

其实，我并不是十分清高的"女神"，我也不是想嫁入豪门的女人，我只想找一个比前男友优秀的男人，可找来找去都觉得不如他，我很不甘心啊，我不想就这样嫁掉自己。说句实话，在我相亲的那些人中，有很多都适合做老公的，可我总不满足，总是想着下一个会不会比这个好些，就这样挑来挑去，形成了一种惯性。

我现在真的好苦恼，我本想找个比前男友好点的男人，气气他，可等前男友已经结婚并有了孩子后，我还是单身一个，我还要挑到什么时候才是个头啊！我现在恨不得随便找个男人嫁掉自己算了。我郁闷的时候总抱怨这是前男友害的，但回头想想难道自己在相亲过程中没有错误的地方吗？

造成主人公单身的原因，除了前男友的移情别恋外，她自己在相亲过程也有错误的地方，就是喜欢挑来挑去，总觉得下一个比这个好，可下次遇到了，又觉得再等下一个看看吧，或许会比这个更好。于是，在无数次的犹豫中，她浪费了自己的青春和时间，挑到最后发现自己错过了很多本来很适合自己的男人。

还很多女孩在相亲过程中会犯同样的毛病，就像故事中的"我"一样，你不能说她们多么清高自傲，她们的要求并没有那么高，只是总想找个让自己最满意的人，导致她们挑来挑去，错过很多好机会。

但你要明白，天下的好男人太多了，而适合你的男人也有无数个，你如果把每个男人都看过一遍再决定哪个适合自己，那么恐怕你一辈子都看不完，这样的女孩不够聪明，也不够理性。所以，不要总幻想着下一个会更好，不要不停地在选择中犹豫不决，当你找到一个适合恋爱和结婚的对象时，就别再犹豫了，错过缘分，你会后悔一辈子，错过一个好老公，你也会后悔一辈子。

有些女孩则很聪明，她们选择自己的对象时没那么挑剔，但不是说她们随便找个男人就嫁掉自己，而是她们在内心里都有一个标准，必须达到这个标准的男人才有可能成为她们青睐的对象。她们十分清楚自己要找什么样的男人，不会把过多的时间浪费在无休止的选择上，只要符合自己要求的男人出现，她们在经过一番深思熟虑后，就会让这个男人成为另一半。我们看这个故事：

小雅在公司里是漂亮又能干的女孩，但由于工作忙一直没有顾得上自己的感情问题。在她迈进奔三的大门时，她对爱情的渴望开始强烈起来。可是当时追求她的人太多了，有公司的同事，还有昔日对她暗恋已久的同学，还有七大姑八大姨们为她介绍的对象，这么多的男人，她真的不知道选择谁好。

她的闺蜜就劝她说，你这么优秀的女孩，一定要优中选优，最好把这些男人都看个遍再决定选择谁，不然错过好男人你会后悔的。小雅就听从闺蜜的话，她后来一一试着和那些男人交往，一年过去了，她还在挑选着。期间有好几个男人都适合自己，但她在犹豫中又一一放弃了。她觉得自己很累，她也没有那么多的时间来挑选这么多的男人，不想再这样选下去了。她后来就决定，只要找到一个符合自己标准的男人，她就不犹豫了。

后来她遇到一个符合自己标准的男人，他不是多么有钱，只是一个公司的业务主管，但其他方面的条件都不错，很符合自己的择偶标准。两人交往一段时间后，小雅就决定和这个人处下去，不再犹豫了。

闺蜜觉得她这样做决定太草率，说不定下一个男人会比这个更好，劝她先别这么着急做决定。但小雅却不这么看，好男人太多了，你会永远盼望下一个更好的，这样盼望下去到最后吃亏的还是自己。而现在这个男人既然符合自己的标准，为何还贪婪地把希望寄托下一个？女人有时必须果断些才行。后来，她和那个男人结婚了。

所以，女人选择男人时心中要有一个标准（这个标准我们会在下一章相信介绍），找到这样标准的男人就别犹豫了，该下决定时就果断决定。为了避免成为爱挑剔的女人，下面这些建议也要听听。

你可以听听的建议

1. 给自己的相亲设置一个期限。

我们曾在前面讲，一个女孩走出校门后，应该给自己的恋爱划上有效期，不能太惯着男人，同时，一个女人在相亲的过程中，也应该设置一个有效期，不能让自己在不停选择中浪费时间。当你设置期限后，你就会把更多的时间用于寻找那些符合自己条件的人，而不是挑选更好的人，只要符合条件的人就别放过。

2. 不要总拿别人的老公对比。

有些女人不停地挑选，是一种嫉妒和攀比的心理在作祟，她们缺乏自己的标准，总是拿别人的老公对比，这样比来比去总觉得自己选择的没人家的好，这就导致很多本来适合自己的男人被错过。因此，不要总拿别人的老公对比。

3. 不要给男人留下你挑剔的印象。

如果你过于挑剔了就会给男人留下不好的印象，他们会觉得你的态度很不真诚，这对你以后的相亲道路是不利的，就好比你听到一个男人喜欢挑三拣四，那么你还想成为他下个被放弃的对象吗？同样的道理，男人也不想成为你下个放弃的对象。

每个男人都有缺点，没有包容就没有幸福

有一个女孩抱怨说，我曾经有过多次恋爱，可每次都分手了，后来其他男的觉得我不好相处，都不敢再追我了，这让我很郁闷。现在虽然还有几个男的在追，但他们那种类型的人，我实在看不上，我喜欢的男人必须完美才行。

其实，追我的男人也有优秀的，他们也都很喜欢我。但让我不能接受的是，他们总有一些让我不满意的地方，比如，有的爱抽烟，有的不够浪漫，有的不够体贴，有的不够大方，这些缺点都是我不能接受的。我觉得只有和一个没有缺点的男人在一起生活才能快乐，可我为什么没有找到呢？难道这个世界上的男人都有缺点吗？

如果你抱着一个完美的标准去选择男人，那么你定会像上面这女孩一样不停地抱怨找不到好男人。你会发现，你越是追求完美，你越是失望，有的女孩干脆找不到完美的就不嫁，而等自己的容颜渐渐老去了，她的选择范围小了，剩下的都是一

群比先前缺点更多的男人，有一部分还是离异的男人。所以说，要求太完美易成"剩女"。

你应该明白，每个男人都有缺点，就像任何事情都不能达到完美无疵的地步一样，你若是挑刺，总能找到一些纰漏。男人也一样，无论是圣人还是凡人，无论是教授还是学生，无论是比尔盖茨还是你男朋友，他们都有自己不够完美的一面。比如很多老板的脾气都很大，很多教授都清高自傲，很多企业家都有一种狂妄的自信，牟其中、唐骏就是这样的人，连牛人史玉柱也有过这样的历史。

真正的完美是不存在的，它只是人们对事物的一个美好期待，比如你期待着工作一定做得完美无缺，这些都是符合常理的，但你若是把愿景变成必须要完成的任务时，你得到的只能是不完美的遗憾。

其实，我们生活中所讲的完美男人，他只存在于相对范围内的对比中，不是真正的完美，他照样有缺点，只是他比周围人的缺点少一些，或者，他比周围人的优点多一些罢了。比如，在你们公司里，学校里，在你的社交圈子里，总有一个各个方面都不错的男人，这个男人就是大家眼里的完美男人，但他若到另一个圈子里，就未必那么幸运了。

所以，女人在选择男人时应该有一颗包容的心，能够接受男人的缺点，并善于发现男人的缺点。你可以有一个完美的标准，但未必让每个男人都要达到这个标准，只要男人符合其中的某几项，或者缺点不那么多，你都可以考虑。我们看这个故事：

前些天同学给我介绍了一个男朋友，这个男人长得还行，对我也不错。每次约会，他都是提前到，不会让我苦等他，吃饭也是他主动买单。他还特别细心体贴，下雨天，他会主动问我带没带雨具，天冷的时候会嘱咐我多穿衣服。而且，他会经常给我发一些好玩的短信，有时是搞笑的段子，有时是他写的一首小诗，我也渐渐被他感动着。

但交往了半年后，我发现他身上有一些缺点，并没有我想象中的那么完美。他没有耐心，而且脾气不好。比如我上次让他陪我去逛街，我们发生了一些不愉快的事情，他还对我发脾气，让我对他有些失望。

很多女孩都希望自己的男朋友能陪自己逛街，买什么倒不重要，享受的是那种有男人陪伴的感觉。那天我去逛街本来没什么要买的，只是好久没到商场逛逛了，很想知道最近有没有什么新款的衣服和鞋子，于是就拉着他去。他当时有些不情愿，说不如到咖啡厅坐坐，外边天太热，不适合去逛街。但我执意要去，他越是不情愿我就越想去，有人说这时最能考验一个男人真好还是假好。

我们逛了半天，我什么东西都没买，只是一家商场接着一家商场地逛。男朋友开始时还能耐心地陪着我，两人有说有笑的，那种感觉很好。但到中午时，他就有些厌倦了，一副无精打采的样子，跟在我后面懒得再说话。

过了会儿，他说饿了，拉我去一家快餐店吃饭。我说自己还没逛够，想买一件衣服。男朋友叹叹气，继续跟我逛。我不停地看，不停地询问价格，来来回回一个小时我都没有确定买哪件，我不累，女人逛街从来不知道累。

此刻，男朋友就像一个泄气的皮球一样，用一种抱怨的眼神看着我。在我试衣服的时候，他说到外边透透气，抽根烟。我有些生气，我知道他是故意的，是在和我赌气！我说："你是不是特别后悔跟我来逛街了？"他说："是啊，你已经逛了一天，但你买什么了？如果看上哪件，几分钟就能搞定了。我真的不喜欢逛街。"

我就生气地说："你不想陪我逛街可以找个地方歇着啊，反正我不累！"

我当时说的只是气话，没想到他真的就这么做了。他说你先逛着，我到楼下的咖啡厅坐会儿，你逛完了就来找我。我正要说话，他已经扭头走了。我看着他离去的背影，呆呆地站在那里，逛街的兴趣全无。如果他是我老公，非得和他吵一架不可。

我想这个男人怎么这样，陪我逛个街这么累吗，你平常给我发短信、写诗的精力都哪儿去了，难道那都是伪装出来的？还有，你一个人留下我去咖啡厅是在和我赌气吗，这样的话，你也太没度量了吧。我越想越气，就一个人回家了。

晚上他给我打电话向我道歉，我没理他就挂了电话。我现在对他十分失望，我终于知道他也是一个有缺点的男人，没有想象中那么完美。那一星期我都没理他。周末的时候去女同学那里玩，当我说了自己的困惑后。同学笑着说："天下的男人都这样，有几个男人不讨厌陪女人逛街的？我男朋友当初也是这样子，后来我就习惯了。"

我说："可我想找一个完美的一些的男人，我真想放弃。"

同学说："你很难找到十全十美的男人，就算你找到了一个愿意陪你逛街的男人，但你不能保证他没有其他方面的缺点。对于男人的缺点，只要不是原则性的，女人应该多些包容，这样女人才能得到自己的幸福。"

我回到家想想也是啊，他除了不爱逛街的这个缺点外，其他方面很值得我欣赏，我干嘛为了他的一个小缺点就放弃这么好的一个男人呢？何况我也有错，不该强迫他做自己不喜欢的事情，不该发小姐脾气。

想明白后，我主动向男友道歉，两个人又继续交往，我决定嫁给这个男人。

你可以听听的建议

1.不要太计较男人的小毛病。

男人有点小缺点、小毛病都很正常，你可以问问那些婚后的女人们，她们是不是会告诉你自己的老公有一堆的毛病。但她们并没有感到生活的不幸福，她们都懂得坦然接受老公的小毛病，学会满足、不计较，这样才能感受生活的幸福。

2. 给男人一个改正的机会。

男人有些缺点确实不好，你应该给男人一个改正的机会，而不是一味地批评他们和抱怨他们。一个好男人不是天生的，他是在不断地改正自己、完善自己的过程中成长起来的，这期间更需要女人宽容。

3. 多多看看男人的优点。

在恋爱过程中，你不要总把目光盯在男人的缺点上，这样这个男人很难会让你满意。你要善于发现男人的优点，通过转移焦点，去欣赏他，甚至放大他的优点，这样你或许就会慢慢地喜欢上他，发现他其实还是很不错的男人。

不要问男人是否会为你而改变

一天，女孩含情脉脉地问男友："如果我嫁给你，你愿意为了我改变吗？成为我心中那个理想的男人吗？"

这个时候，男人看着她，拉起她的小手握在手心，沉默了一会儿，他笑了，并信誓旦旦地说："放心吧宝贝，如果你嫁给我，我一定会为你而改变，直到你满意为止。"

男人还说："我会努力改变原来的自己，去做一个让你喜欢的男人。不再睡懒觉，一定早睡早起，不再为了看球赛而忽视你的存在，不再怕累而不陪你逛街……"

女孩得意地笑了，但她还是说道："你说的都是真的吗，不骗我吧！"

男人也跟着笑了："怎么会？我说的一切都是真的。"

然而，等女孩变成男人的老婆后，她发现男人还是原来那个男人，他并没有多少改变。女孩很失望，她觉得男人是在说谎，他没有像当初说的那样成为自己心目中那个完美男人，他还是那臭脾气，依然会为了看球赛而忽略她的存在。

「脱单」约会吧

女孩带着怨气问男人："你为何没有像你说的那样改变自己！我真的没有看到我心中那个完美的你。"

男人依旧是当年的那副笑容，他对老婆说："如果我改变自己了，那就不是一个真实的我了，你岂不是喜欢上另一个男人了！"

女孩说："我就是喜欢那样的你，现在的你很不完美。"

男人说："真实的我就是这样的，改变自己我会很痛苦，我不想按照别人的方式生活，对不起老婆，下辈子我再改变好了，这辈子让我活够了再说……"

女孩委屈地说："你下辈子还会这样骗我。"

男人笑："都是你逼的啊！做男人难，做个让女人满意的男人更难！"

这样的场景在生活中经常会遇到，女孩们总希望心爱男人可以为自己而改变，一方面可以证明男人对自己是用心的，除了为自己改变，女孩还希望男人为自己疯狂，为自己赴汤蹈火，这样能满足她小小的虚荣心，告诉别人自己的男人是多么的爱自己。另一方面，有些女孩过于追求完美，她们总希望男人能成为自己想象中的那个男人，于是就按照这个标准来让男人改变自己。

可是，对于大多数男人来说，改变一个真实的自己去做另外一个自己是件很痛苦的事情，他们觉得那样的自己很不真实，不想带着完美的面具生活，他们只想做回真实的自己。所以，很多男人很难向女人兑现自己的诺言，他们还是按照自己喜欢的方式生活。如此，女人会特别失望，觉得男人是在欺骗自己，嘴里没几句是真话。

女孩们应该明白，不是所有的男人都愿意为你而改变，当你逼着男人向你许下"为你而改变的承诺"时，就是在为以后的埋怨埋下伏笔。你应该让男人活得真实一些，而不是让他们伪装自己去适合你，如果你爱他的话，更要学着接受这样一个男人，不能总想着别人为你而改变，那样显得你过于自私。我们看这个故事：

> 我男朋友是我公司里一个同事，当时有很多人追求我，但我还是选择了有些腼腆的他。我觉得这样的男人很可爱，单纯而实在，没有多少花花肠子欺骗你，而且他对爱情特别认真，对我也特别好，于是，我就接受了他的求爱。
>
> 我们恋爱了，可周围的姐妹说他并不适合我，可我想，无论他多么不适合我，我都会让他为我而改变，我觉得自己有这个自信。其实，姐妹们说得不错。通过几个月的相处，我发现男友确实有很多方面不让我满意，或者他有很多不够完美的地方。
>
> 首先，他胆小，不敢在众人面前展示我们恋人的关系，平常在公司，他总是刻意回避我，不想让人知道我是他女朋友。可大家都知道啊，公司里也没规定不准谈恋爱，

除了我们，公司里也有好几对恋人，他们在公司却显得很甜蜜的样子，看了都让人嫉妒，而我的男朋友却腼腆地不好意思，搞得我们就像在进行一场地下恋情。其次，他缺少点浪漫的情调，难以给我恋爱的那种甜蜜和激情。

面对这个不太完美的男人，我没想过要放弃他，而是希望他能为我而改变，能按照我的想法重新塑造一个全新的自己。他很实在，虽然有些不情愿，但还是在我的督促下努力改变着自己，为的就是让我满意。

可我发现改变后的他怪怪的，会让你觉得他特别假，特别扭，比如，他在公司里勉强的甜蜜让我有些不自然，周围的人也不自然，他自己更不自然，他不是那种在公众场合能展示甜蜜的男人。再比如，他费尽心思制造的浪漫，却让我没有任何浪漫的感觉，还不如他直来直去的方式更有情调。

我后来发现，还是原来那个他好，至少是实实在在的他，而现在的他给我的感觉又假又不自然，另外，他在改变自己的过程中并不快乐。我想应该让他做真实的自己，不能再这样逼着他改变，勉强的完美不会持久的，男人终有一天还会变成原来的样子。我开始学着慢慢接受这样一个男人，希望我们以后能幸福。

你可以听听的建议

1.不要逼着男人为你许下改变的承诺。

一个男人愿不愿意为你改变，要看他是否乐意做，如果他不乐意做，你还逼着他许下诺言，这个诺言早晚会成为谎言。男人的承诺很多时候是被女人逼出来的，他们本身不想发誓，不想说谎的，一切都为了你，所以不要逼着男人许下诺言。

2. 不要抱怨男人没有实现的诺言。

能够真正为女人改变自己的男人很少，当你发现男人没有丝毫的改变时，你应该接受这个现实，不要抱怨男人，除非你先抱怨自己。你应该去认识和欣赏一个真实的男人，从他们身上去寻找优秀的闪光点。

3. 不要按照自己的想法去要求男人。

每个男人的性格、思想和喜好都不一样的，做事情的方法也不一样，你不能拿自己的原则和世界观去要求男人必须怎样，这是对男人的不尊重。如果你想让男人过得快乐一些，应该多点宽容，还应该鼓励他们按照自己的方式活着。

暧昧你玩不起，别同时和几个人交往

我的一个朋友叫小陈，他曾经在某图书工作室做文字编辑，老板是一个年轻的女孩，长得像很央视的"金龟子"。一日，老板和闺蜜以及她姐坐在工作室里聊天，小小工作室不足 10 平方米，当时就小陈一个员工，还是个男的。

三个女人聊着与男人有关的话题，车子、房子、相亲、结婚、"剩女"……小小的房间里回荡着她们的笑声，小陈没有参与三个女人的任何话题，一个人默默地在那里敲打着键盘，偶尔发发呆，偶尔独自笑笑。一来，他是员工，不会在上班时间去参与老板的私房话，二来，这是一个关于男人的话题，触动着他小小的自尊。也让他知道了成熟女人是如何看待男人的，又是如何选择男人的。

她们都是快奔三，或者已经奔三的女人，都盼望着能找个好老公，对男人的要求都赤裸裸的现实，当然外表、性格、气质也是不能妥协的。老板的闺蜜说今天要去见一个男人，让老板和她姐姐去给参谋一下，看看这个男人如何，之后三个女人纷纷谈自己的情史。

当三个女人把自己的男朋友都狂轰乱炸以后，闺蜜笑着说女人恋爱时，特别是相亲时，不能在一个男人身上吊死，必须让自己多个选择才行。她对两个女人说："我已经在家'闲置'两年了，再不把自己嫁出去就没人要了，但嫁人也不能凑合，我必须优中选优。"

三个女人一起笑。闺蜜接着说："其实，今天见的那个男的只是其中一个，这几个月我交往了好几个，看哪个最合适我就选择哪个。我前天刚刚还和另一个男人约会过呢，那人虽然有房有车，但人长得不太好看，还是个秃顶，也没情调。"

老板说："有魅力，竟然让几个男人围着你团团转。但你不怕他们知道你不是他唯一的相处对象吗？"

闺蜜格格地笑："我怎么会让他们知道呢？我是不会说的，我只会让他们知道我目前只和他自己处，男人是不会怀疑的。这样挺好的，可选择的范围大，当最后确定和哪个男人后，就告诉其他几个说我们不合适，分手吧！"

老板的姐姐问："你是靠什么魅力稳住几个男人的？若是男人知道，肯定会怀疑你的诚意的。好羡慕你啊！当年有两个男的追我，两个男的条件都不错，可我不知道该选择哪一个。当我想试着和他们同时交往，但却被他们察觉了……"

闺蜜说："靠的就是女人的暧昧！你应该让男人都感觉到你很在乎他们，让他们心里有盼头！"停了停，闺蜜又说："不过，这样也挺累的，你要合理分配你的时间，要避免和几个男的在一天约会。另外，当你和某个男人约会时正好接到另一个男人的电话，这时你得两头说谎了！就如同《手机》里的严守一。"

老板笑着："如果我当初像你一样聪明，或许我就能找个比我那个更优秀的男人了，唉，既然已经选择了，也只能凑合去了，不过他对我还不错。"老板又在那里抱怨自己的男朋友，听得小陈想笑又不敢笑，女人在闺蜜面前都爱数落说自己的男人不够好，但心里却有着小小的自恋，觉得还是自己幸福。小陈想老板一定会嘲笑闺蜜，并认为她不久之后会尝到脚踏几只船的痛苦。

期间，闺蜜去洗手间，老板笑眯眯地问小陈："你怎么不说话啊！"小陈说："我在努力工作呢！"老板又问："听了我们的谈话有何感想吗？"小陈说："感情挺现实的。"老板接着问，感觉我那朋友漂亮吗？"小陈一边打字，一边说："我没敢看她！"

其实，小陈想对老板说："如果我是男人，我一定不会看上她，没哪个男人愿意被女人的暧昧玩弄，那样自己的真诚就被亵渎了。下次自己找对象时，一定要小心。"

之后，三个女人去约见那个男人去了。小陈一个人拖着疲惫的身躯走出大厦，看着这个城市来去匆匆的男男女女，他陷入了困惑。都说在恋爱中女人容易被男人欺骗，但在这个男多女少，现实又很赤裸裸的城市里，还有多少可怜的男人在被女人的暧昧迷惑着……

这是朋友小陈曾经给我讲的三个女人的对话。我想正如小陈感慨的那样,有些女人为了找到一个完美的男人,喜欢玩暧昧,她们同时和几个男人相处,试图从他们当中选择一个最佳的男人,而男人则被蒙在鼓里,以为眼前这个女人的暧昧只属于自己。

　　其实,不论男人女人,他们在恋爱的过程中是非常自私和贪婪的,一方面希望自己喜欢的人心中只有自己,是对方的唯一,但另一方面他又希望自己可以有几个交往对象先处着,这样自己的选择范围大。你可能无法知道男人是否还喜欢着其他女孩,但若是让他知道你在和自己交往的同时,还和其他男人有联系,这个男人一定会很失望,觉得你没有重视他,欺骗了他。这点你可以设身处地想想若换成自己会是什么感受。

　　我们看看两个网友的心声:

　　　　A:为了"脱单",我在朋友的介绍下认识了一个女的,她对我挺好的,甜言蜜语说了不少。但我很快发现,她一个星期的约会总是满满,今天和你在一起,明天就要和别的帅哥吃饭、唱歌,后天又是另外一个,再过两天又轮到了你……她们的生活就是这样的循环!

　　　　B:我们认识一段时间了,在一起都挺好的,我挺喜欢她,她对我也还行,可我无意间发现她跟好几个男人在交往,有一次我看了她的通话记录,在凌晨一点半通话,而且很多都在11点以后,我问过她,她只一笑而过,当作什么事都没有,可我很在乎。而且她从不主动打电话给我,一到周末就要消失回家。

对女人自己而言，如果你同时和几个男人交往，你的生活会变得很累，就像文章开头那个闺蜜说的那样，"你要合理分配你的时间，要避免和几个男的在一天约会。另外，当你和某个男人约会时正好接到另一个男人的电话，这时你得两头说谎了！就如同《手机》里的严守一"。确实，《手机》里的严守一和费老整天为圆谎活得也真够累的，这样的生活没有任何幸福可言。

更严重的是，如果一个女人过分透支自己的暧昧，就会得不偿失。就像《手机》里的严守一一样，在玩转几个女人的感情之后，自己最后离婚了，节目陷入危机，人生也陷入危机。而张国立饰演的费老，虽然精神出轨，但他始终没有背叛婚姻，所以他比严守一幸运。婚姻中男人不能出轨，恋爱中的女人也一样不能玩暧昧。女人不希望自己的老公背叛自己，恋爱中的男人更不能容忍女人同时和其他男人有瓜葛。如果你一意孤行，最悲惨的结局是，你最后一个男人都得不到，你的名声和形象也会受到影响。

婷婷在她28岁的那年，准备找个男人嫁掉自己。当时公司里有一个男同事在热情地追求她，婷婷没有拒绝，但也没有明确接受，两人在绯闻中像恋人一样交往着。而同时，高中的同学也给他介绍了一个男人。这个男人比男同事显得成熟稳重，看上去温文尔雅，第一次见面婷婷就对他的印象不错，而这个男人也很欣赏婷婷。

应该和哪个男人相处下去呢？婷婷陷入了矛盾之中。一个同事见她很犹豫，就说："你不会两人先处着，哪个更适合你再选择哪个。"婷婷就傻傻地听了同事的鬼点子。她还继续和男同事保持暧昧关系，在公司俨然是一对情侣。而在下班的时候，她就跑去和成熟男人约会，周末两个男人一人一天。

通过交往，婷婷发现男同事虽然很热情，也很有情调，但他怎么看都是小人物，以后难以有大的作为，而那个男人虽然人有点太正经，不够幽默，也不够浪漫，但他很有男性的魅力，在事业上也很成功，很适合以后做老公。她最后决定选择成熟男人，并找适当的机会拒绝男同事。

正当婷婷做出决定时，成熟男人首先拒绝了她，对她的态度来了180度的转变，让婷婷不知道发生了什么事情。男人告诉她说："你欺骗了我，我不想再见到你了，我不知道你还与几个男人在交往！"

婷婷猜想男人知道了她和男同事的事情，但她在一阵失落之后，又带着希望找男同事，没想到的是，男同事和那个男人的态度一样，连说的话都差不多。更可悲的是，男同事在以后的日子里，把她当陌生人一样看待。

那些日子，婷婷觉得自己就像被曝光的艳照门女主角一样，所有的人都在背后对她指指点点，男人们也不愿正眼瞧她，都说以后千万不能找她做女朋友。婷婷的名声因为对两个男人的暧昧而毁掉了。

婷婷后来才知道，男同事和成熟男人原来是老乡，小时候还经常在一起玩，一次回家探亲，他们两人相聚，男同事在老乡的手机中发现了婷婷的短信，这时，两个人男人才知道自己被婷婷同时交往着……

所以说，女人不能透支自己的暧昧，恋爱的规则就是一个人只能和一个人交往，如果你不能拿出真诚的态度对待男人，男人也不会好好地珍惜你。

你可以听听的建议

1. 你可以对男士有暧昧，但不要轻易交往。

在恋爱中，你对其他男友有些淡淡的暧昧很正常，但是不要轻易付诸行动，必须保持清醒和理智，更要有女性的矜持才行。聪明的女人会用自己的暧昧让一群男人疯狂，但她只会选择其中一位男人去交往，而她依然会让其他男人着迷。

2. 不要过于贪婪，要舍得放弃。

也许你很漂亮，也许你是公司里少有的女员工，于是你身边会有大批的男士来追求你。面对自己的优势，不要飘飘然，无论你选择的对象有多少个，你都要舍得放弃，去选择一个最适合自己的男人做男朋友。不舍得放弃，你就会像案例中的婷婷一样失去所有的男人，自己的形象也会受损。

第七章　做个有主见的女人，你的婚姻你做主

女人选择老公的时候容易受到其他人的"干扰"，比如，父母、闺蜜、周围的同事等，有的女人则是完全没有主见的，比如让父母代替自己选老公，有的则是让闺蜜指挥自己，还有的则是听信大家对某个男人的偏见。可父母和闺蜜眼中的好男人未必适合你，别人认为不好的男人未必在你眼里就很差，所以，你必须有自己的标准和主见才行。

明确你要选择什么样的男人

张明的家人都是画画的，他也希望自己有朝一日能成为画家。但张明没主见的性格决定了他与画画无缘。

一天，张明画完一张画，爸爸看了看，撇撇嘴说："哦，这儿太僵硬了。"张明就按照爸爸的意见修改。妈妈看了看说："儿子，飘忽的东西没人爱看。"张明又采纳了妈妈的意见。可哥哥看了看说："天哪，这是什么？是块木头吗？"张明赶紧按哥哥的意见改，姐姐看了看却说："上帝，这简直是被染料弄脏的一张纸。"

就这样，张明的时间都用在修改画上，他最终没能成为一名画家。他总是被别人的意见左右着，失去了主见，没有自己的标准。

该故事应该给未婚女孩一些警示，选老公就像张明画画一样，你必须清楚自己要找个什么样的男人，你必须有自己的一个标准才行，不能完全听别人的意见，否则，你很难选择一个适合自己的老公。

小菲自从在大学毕业和男朋友分手后，在几年的时间里都没有谈对象，在家人的督促下，她开始相亲。当时给他介绍对象的人不少，可选择的男人也很多，家人和朋友都七嘴八舌地给小菲介绍着自己中意的人，并极力向小菲推荐。对于大家的意见，小菲都认真接纳，但不代表她认同大家的看法。

在小菲心中，她有自己选择老公的标准，她更知道什么样的老公适合自己。面对那么多的男人，她没有透支自己的暧昧同时和他们交往，也没有把目光锁定在那几个条件特别好的男人，而是通过多方了解、认识这几个男人。

通过了解她发现，有一个男人很符合自己的择偶标准。她在征求大家的意见后，就决定和这个男人交往试试。通过交往，他们两人有着很多的共同语言，生活习惯和方式也差不多。这时大家开始夸小菲找对了男人，一年后他们结婚了。

然而，在每个女孩的心中，都有自己所喜欢和欣赏的男人，但不同的女孩所喜欢的男人类型也不尽相同。所谓"萝卜咸菜各有所爱"，她们不同的世界观、爱情观、爱好、性格、欣赏角度都决定了她们选择男人的差异性。比如，有的女孩很在乎男人的实力，有的女孩则喜欢与男人吃苦奋斗，有的女孩喜欢成熟稳重的男人，有的女孩则喜欢既阳光帅气、又风趣幽默的男人……

为了帮助女孩了解和认识不同类型的男人，并从中选择最符合自己标准的男人，我们列举了以下几种类型的男人供你参考和了解。

1. 有点经济基础的男人。

女孩比男孩看重生活的现实因素，她们喜欢有点经济基础的男人，这些男人最好要有车有房还有足够的存款。这些男人或许是成功人士，或许家境富裕，或许拿着很高的薪水。这些女孩觉得，找富男人不仅仅是贪图富贵，而是基于现实的考虑，因为现实的生活需要这些物质条件。另外，女孩对婚姻和爱情的选择也是自由的，选择富男人没什么不可以。

2. 奋斗型男人。

奋斗型男人是那种有抱负，有追求的男人。他们不甘平庸，为了实现自己的人生价值，为了让心爱的女人过上幸福的生活，他们靠自己的智慧和努力去改变现状。这样的男人有着充足的动力，他们精力十足，仿佛永远都不知道累；奋斗型男人十分自信，这种自信不是狂妄和自傲，而是一种对自己能力的肯定，也是一种敢于追求理想的勇气；他们不怕失败，不会抱怨生活，也不会为一时的不顺而沮丧。

3. 有真挚感情的男人。

生活中，有的女孩把爱情看得很重要，在选择男人时，她们就喜欢那些有真挚感情的男人，这样的男人会讨女孩欢心，会制造浪漫，会说很多甜言蜜语，能信守爱情的诺言；这样的男人对感情一般比较执着，甚至很纯，一辈子去爱一个女人，不会玩弄感情，不会偷腥，不会找情人，也不敢包二奶。

4. 相貌英俊的男人。

男人喜欢漂亮的女人，同样，女人也喜欢英俊的男人，这不是"色女"的表现，而是女性对美的一种追求。小女孩选择恋人时，往往喜欢英俊的男生，成熟的女人也喜欢相貌英俊的男人，人长得帅，看着养眼，带着出去也很有面子，而且能找到英俊的男朋友就证明你很有魅力。

5. 幽默风趣的男人。

幽默是活跃谈话气氛的法宝，它能博得大家的欢笑，能缓解紧张的气氛，是一个男人应该具备的性格，这样的男人也最讨女人的欢心。在追女孩子的时候，他们讲两句笑话能把女孩子逗得嘻嘻哈哈，在恋爱时幽默能增进感情的交流，结婚后，夫妻间的幽默能让枯燥的婚姻生活变得有滋有味。

6. 有责任感的男人。

责任感是男人不可缺少的东西，这样的男人可以不帅气，可以没才气，可以不那么富有，但他一定像个男子汉，能够担当，能够对女人负责。有这种责任感的男人不会让女人受到伤害，不会让女人委屈，他们是女人的保护神，同时在做错事时不隐瞒不逃避，敢于主动承担自己肩负的责任，敢于认错。

7. 懂得浪漫的男人。

女孩都喜欢浪漫的爱情，喜欢浪漫的情调，期待有浪漫的惊喜。如果哪个男人很懂浪漫，会给女孩制造浪漫，这样的男人就容易俘获女孩的芳心。与这样的男人恋爱不会枯燥，他们经常会给女孩带来惊喜，与这样的男人结婚，生活就像一杯浓酒，越喝越香。而且富有浪漫情调的爱情和有品位的婚姻，是时尚女孩的追求。

8. 有才气和智慧的男人。

有的女孩喜欢有才气和智慧的男人，这样的男人自古都吸引女性的目光，他们可能会写一手好文章，能弹吉他，会跳街舞，或者他们有着丰富的知识，能说出很多深刻的道理，让女孩产生憧憬之情，期盼着才子佳人般的浪漫爱情。这样的男人也是聪明的，很多你无法解决的难题，在他手中却异常简单。

9. 有霸气的英雄男人。

有的女孩喜欢有霸气的英雄式男人，这类男人很有男子气概，很有男人味，顶天立地，像一座大山一样保护着自己的女人，他们能给女人依靠和安全感，这便是自古美女为什么都爱英雄的原因。

10 有潜力的男人。

有的女孩愿意把自己嫁给"潜力股"。这样的男人现在或许还很一般，但他通过努力一定会有出头之日的，找这样一个男人就是投资将来的幸福。一般来说，这样的男人非常有魅力，他们能吃苦，有理想有目标，有着改变现状的激情，只要他们能把握好机会，就能大展宏图。

11. 吃苦耐劳的凤凰男。

凤凰男被比喻成"山沟里飞出个金凤凰"，指的是那些出身贫寒（特指出身农村），几经辛苦考上大学，毕业后留在城市工作，并和城市的女孩结婚的男子。他们的优点表现在：聪明和刻苦，他们是经历过生活磨砺的人，面对将来的各种困难有更强的韧性，都有着很强的责任感；凤凰男的所有成就，都是靠自己的双手努力奋斗得来的，他们能吃苦，也有真本事，而且很有尊严。

12. 胸怀宽厚的男人。

男人宽厚的胸怀比宽厚的肩膀更有用，两个人在一起总会发生矛盾，吵架争执是常有的，在这种情况下，胸怀宽广的男人就会让着女人，不会发怒，也不会生气，即便自己吃了点小亏也忍着。他们从来不与女人斤斤计较，还愿意忍受女人的坏习惯和小脾气。而胸怀狭窄的男人就难以做到这点，他们不想让自己吃亏，不懂得疼爱女人，也不愿意处处让着女人，这样的男人容易和女人吵架，甚至还会和女人发生冷战。因此，女人在选择男人时，胸怀宽广的男人是首选。

13. 居家型男人。

所谓居家型男人，不是那种靠女人吃饭，只会在家里做做家务照顾孩子外没什么能力的男人，而是指既有事业心，也懂得照料家务的好男人。这些男人或许是成功的老板，或许是企业的业务骨干，他们在外边风光得很，可他们下班后一回到家里，就会放下公文包，放下公司老总的架子，扎上围裙袖套，为老婆孩子做饭，还会主动承担一些家务。这样的男人心比较细，工作认真，懂得心疼和体贴自己的妻子，

14. 不靠父母的独立型男人。

现在很多年轻人是被父母宠坏的一代，这些男人依靠父母，自己却没有一点真本事。而独立的男人从不依靠父母，这些人从小会自己洗衣服，会帮助父母整理家务。等上了大学，他们通过兼职来赚生活费，毕业后努力赚钱养活自己，甚至自己去创业。在他们看来，家只是自己成长的地方，不是舒适的温床，等自己长大后，就应该学会独立，依靠自己的力量在这个社会生存。跟着这样的男人有安全感。

15. 以事业为主的男人。

爱情和浪漫不是婚姻的全部，男人应该把主要的精力用在事业上，只有事业成功了才能让女人过上好生活。不去努力工作，不想着赚钱，靠花言巧语是留不住女人的。以事业为主的男人比较现实，他们知道男人的责任和义务是什么，这样的男人不会被感情的问题困扰，工作很勤奋。不过由于这类男人太看重事业而忽视对女人感情的投入，也会引起女人的不满，所以，选择需谨慎。

16. 创业型男人。

一个创业的男人就是为自己打工，不再被老板管理，不看老板的脸色，不低着头听老板的批评，把所有的劳动成果都归自己所有。他们可能赚够了充裕的资金，可能有非凡的能力，可能拥有自己的专利，也可能他们在以往的工作中积累了丰富的经验。这个时候，他开始追求梦想，用行动去证明自己的能力，他开始管理别人，成为别人的老板。这类男人在性格上自立性很强，很自信，而且胆子很大。跟了他们有一定的风险，如果不成功，你也得跟着苦日子，但如果他成功了，幸福生活便随之而来。

别让父母代替你去选老公

电视上，报纸上，你会看到如今的相亲大会很火爆，但真正相亲的年轻男女却很少，都是一些上了年纪的大妈大叔们，难道他们要找另一半？不是的，他们在为自己的孩子找对象。你一定会觉得奇怪，为何孩子不自己来呢？

不同的人有不同的原因，有的是孩子不急父母急，有的则是孩子实在太忙了，没时间来相亲，这些父母可能经过了子女的授权或同意。有的则是背着孩子来的，孩子压根就不愿意。他们的共同目的是想通过相亲大会找到最符合自己要求的女婿和儿媳。

我们看这几篇新闻报道：

名城新闻网报道：

"你家是男孩还是女孩？"一位五十岁左右的阿姨向另一位穿红衬衫的阿姨询问道。"女孩。"红衬衫阿姨凑上前去。"那几几年的？""84年。"仿佛符合了心中要求，五十岁左右阿姨拉起红衬衫阿姨，"走，我们去边上聊！"两位阿姨边走便说，向旁边的树林走去。

附近，又一对阿姨聊开了，"你家儿子在哪儿上班啊？""在新区上班，你家女儿呢？""哟，你看多有缘啊，我家女儿也在新区上班。"两位阿姨越聊越开心，红光满面，看来这对进展不错。

在现场，不少聊得投机的家长纷纷拿起笔或手机，记下对方的号码，然后客客气气地相互道别。当然现场也有进展不是很顺利的家长，两位来替子女相亲的爸爸看来是没"相"到人，在一旁郁闷地抽起了烟。

合肥万家热线报道：

一位赵老先生说，他的儿子现在正在读博，算是学业有成了，可让一家人焦心的是到现在还没有一个女朋友。知道了会展中心举办此次"相亲大会"，赵老先生让他儿子来参加，可儿子却说忙，没有时间过来。赵老先生说儿子没有时间过来他就只有自己过来帮儿子找对象了。

当问及如何帮儿子找对象的时候，赵老先生说："看看哪个姑娘觉得条件不错的我就会去跟她谈谈，先把我儿子的情况跟她说说，她要是满意，就请她留下联系方式，我也带了相机，也请她让我拍个照片，我带回去让我儿子自己看，他满意了就可以约人家见面了。"

看了两篇新闻你也许会感慨我们的父母真是用心良苦啊！

第七章 做个有主见的女人，你的婚姻你做主其实，孩子的婚姻大事也是父母的大事，一个负责任的父母不会不管不问的。面对父母的热心，我们做子女的应该对父母的行为表示理解，即便你很反感，但不要批评父母瞎忙活。

不过，婚姻大事主要还是你自己的事情，是你自己在找老公，而不是父母找老公，父母可以给你介绍对象，可以给你提意见，但你不能让父母代替你去相亲。因为父母对未来的女婿有自己的标准，而你也应该有自己的标准，他们选择的未必就适合你，你必须亲自去解决个人问题才行。另一方面，父母也难以真实地反映你的情况和想法。

比如有媒体报道：

家长给孩子选对象误区不少，特别是对个人条件的苛求，往往比年轻人表现得更不切实际。家长们对自己孩子的评价往往过高，在找对象时更注重物质条件和家庭条件。有的家长完全从自己的好恶出发，认为对方个人情况还行，可是自己不喜欢来现场的对方家长就放弃了，这也是在潜意识里有门第观念。正是家长们的这些想法，使这种见面会最终的成功率将打折扣。

如果你完全没有自己的主见和标准，完全听从父母的意见，或者让他们代替你去相亲，就会为以后的婚姻矛盾埋下伏笔。从古至今，很多女孩的老公并不是自己选择的，而是父母挑选好的，这就导致父母眼中的好好女婿，难以成为女儿的好老公，一对夫妻能否幸福，还要看他们之间的缘分，能否好好地生活到一起。

这样的夫妻有很多，他们结婚后才发现两个人根本就不适合在一起，不是性格不合，就是没有共同语言，在一起过日子很别扭，没有激情，还经常争吵，甚至存在家庭暴力等等。我们看这个故事：

韩晓燕是个很内向的女孩，从中学到大学都没有谈过恋爱，毕业后也一直单身。由于生活的圈子小，追韩晓燕的男人不多，再加上她的羞涩和腼腆，即便遇到心动的男人，也常常让缘分与自己擦肩而过。

刚毕业那会儿，她都是和几个关系好的女孩在一起玩，这就更加减少了与男人接触的机会。后来女伴们纷纷找了男朋友，韩晓燕觉得自己很孤独，除了工作就是呆在家里，与外人的交际不多，后来还"宅"出了抑郁症，让父母很担心。

在她25岁那年，父母觉得女儿该交个男朋友了，这时候也是女孩嫁人的最好时机。但韩晓燕却不愿意交男朋友，不是不想，而是她不知道怎么找，到哪里去找，即便找到了，她也很害怕与男人相处。

这可急坏了两位老人。女儿找不到对象是做父母的失职，两位老人开始给韩晓燕介绍对象。一日，他们听说某公园要在周一举行大型的相亲会，届时会有大批的单身男人去寻找自己的另一半，他们就把这个消息告诉了女儿，但韩晓燕却不敢去，说自己很怕相亲，见到陌生男人就紧张。

后来，两人老人就商量代替女儿去相亲，这样更可以帮助女儿物色到最佳的女婿。韩晓燕觉得父母选的人一定不会太差，就同意了父母的想法。到周一那天，两个老人就带着女儿的简历去了相亲会。到那里才发现都是和他们一样的父母，年轻人很少。

有一个看上去仪表堂堂的男人被几个大妈围着问东问西，还不忘了推销自己女儿。那个男的是研究生学历，在某国企做主管，有自己的房子，身高175厘米，让韩晓燕的父母也心动，他们很想让这个男的成为自己的女婿。可他们根本无法靠近，刚想问问这个男的年龄，就被挤了出来。

无奈，两人继续寻找目标。找了一会儿，他们看见一个老太太拿着一个男士简历同样在寻找目标。他们走近看了上面的内容，发现这个男士的条件很符合他们的心意，通过交谈得知，该男士是老太太的孙子，是个海归，非'野鸡'大学毕业，目前从事证券工作。

两位老人开始推销自己的女儿，当然，他们说的都是女儿优点，缺点却没有说，包括女儿过于内向、不爱交往的性格，也隐瞒了女儿的抑郁症，只说自己的女儿比较文静，见人腼腆等。三个老人聊的很投机，互相留下了联系方式。

一个星期后，韩晓燕被父母逼着与那个男的约会，没想到对方很满意她，但韩晓燕是个没主见的人，她问父母该怎么办，要不要继续交往下去。两个老人早已相中了这个男人，一致决定让他们交往下去。

后来，他们闪电结婚了。他们的婚礼都是父母操办的。其实，韩晓燕并不了解这个男人，也不清楚这个男人到底适不适合自己，她相信父母的眼光。然而，婚后她才恍然醒悟，父母选择的好男人未必能带给自己幸福，她开始后悔当初过于听从父母的安排，更后悔自己当初没有自己的主见和想法。

首先，他们两个人的性格很不和，老公性格暴躁，而且很大男子主义，而韩晓燕性格过于内向，缺乏反抗的精神，是家庭暴力里被欺负的对象。韩晓燕的性格使她默默地忍受着丈夫的坏脾气，有什么委屈也不敢告诉父母。

其次，他们之间缺乏共同语言，两个人的思维方式、世界观、社交圈子、爱好都有很大的差异，他们之间只有生活，没有感情上的甜蜜，两人很少谈心，很少一起出去游玩，有时几天说不上几句话。

这种生活让韩晓燕很压抑，她有了离婚的想法。但这个时候她却怀孕了，她对未来的生活感到很迷茫，每天都唉声叹气，抑郁症更严重了！

可见女孩在选择老公时千万不能让父母代替你找老公。你必须认真对待自己的婚姻大事，要有主见，要有自己选择老公的标准，还要自己去深入了解这个人到底适不适合自己，更要抽出时间亲自去相亲。

你可以听听的建议

1. 父母的意见只是个参考。

虽然我们曾在"门当户对"那篇讲过父母的意见一定要听听，因为父母都是过来人，在婚姻方面有发言权，他们的意见很有参考价值。但是父母的意见也只是个参考，不能主宰你的选择，选择什么样的老公还是你自己拿主意。

2. 告诉父母你选择老公的标准。

你选择什么样的老公，对老公有什么要求，你应该把自己的标准告诉父母，这样父母可以给你提提意见，如果你的标准不太妥，父母就会以自己的经验告诉你这样的男人有那些缺点。另外，父母知道你的标准后，不符合你标准的男人他们就不会"瞎忙活"了，会尊重你的选择。

3. 别让父母为你操心，有空就去相亲。

你若是老不把自己当回事儿，父母就会特别急，难免会背着你去相亲。你若想让父母少点操心，就得重视个人问题，有时间就别闷在家里睡觉，或者别整天混迹在朋友的圈子里，快去找个对象恋爱吧！

你容易被闺蜜的话丢掉好男人

女人凑在一起如同男人一样，都喜欢讨论异性的话题。婚前，她们讨论什么样的男人适合做男朋友，婚后则会讨论自己的老公如何如何，什么样的老公才适合过日子。然而，女人仿佛天生缺乏主见，她们总是被其他女人的建议和观点左右着自己的看法。

比如，听到闺蜜的老公有某些优点，如果自己老公没有，就会觉得不够幸福，开始抱怨生活，抱怨男人。再比如，听到闺蜜说男人应该怎样才算好男人，可恰巧自己的老公不具备这样的条件，她就觉得老公不够好。

在女人择偶时同样是如此，当有一个女的准备找男朋友时，周围的姐妹们都会七嘴八舌地给自己出谋划策，有的说这个男的不错，纷纷说出自己认为好的理由，有的说那个男人不行，便列举他一大堆的缺点。而你呢，完全被闺蜜的意见左右着，不知道该选择谁好，在犹豫中听信了闺蜜们的建议——接纳或拒绝她们认为的好男人或坏男人。

然而，等你与大家眼中的好男人交往后，等他变成你的老公后，你也许才会发现闺蜜的话未必靠谱，这个男人根本不适合你，而当初自己看中的那个男人在被你拒绝后，很快成为了别人的老公，那个女孩还特别幸福。

我们看这个故事：

韩静茗有几个好姐妹，几人常常会在一起讨论男人，以前都讨论男朋友，后来几个女孩都相继结婚，开始讨论各自的老公。静茗这时还单身一个，与那个北大的"怪才"分手后一直没有恋爱，据说"怪才"想问题、做事情的方法太怪了，与她这个平凡女子难以成为一个世界的人，最后和平分手了，不过她挺恨他的，把自己耽误成了剩女。

闺蜜们见静茗感情孤独，一边数落北大怪才，一边帮她介绍男朋友。闺蜜们介绍的男朋友都没谈成，后来，静茗开始参加相亲。静茗自从和怪才分手后，就对男人失去了判断力，总怕自己会再次选错男人。为了不重蹈覆辙，她想让自己的姐妹们为自己做参谋，给自己提意见。

每次相亲的时候，闺蜜们都坐在不远处帮着静茗观察那些男人，一个星期过去了，她连续见了十个男人，不是自己不满意，就是闺蜜们认为不够好，如静静认为A男太小气，不够绅士，张敏觉得B男傻里傻气的，没品位也没情趣，小娜无法忍受C男高谈阔论的样子，说那是吹嘘自己，自大又自恋。

这个时候，闺蜜们一方面会说自己的老公有什么样的缺点和这些男人差不多，又说他们某方面还不如自己的老公呢！有时，她们还会为同一个男人争论不休，最后讨论的结果是少数服从多数——放弃这个男人。

到第二个月时，静茗约见了第十一个男人，叫刘一飞。这个男的长相不是很出众，但彬彬有礼，很有内涵，目前在一家网络公司做推广。那天两人聊得不错，彼此互相有好感，静茗还要了他的电话号码，这是她第一次这么主动。

然而，回去之后，闺蜜们却对这个男人意见不一，静静和张敏从她们的角度列举了这个人一大堆的毛病，并判断这个男人不适合做静茗的男朋友。静茗虽然对这个男人颇有好感，但经不住大家的说，她越来越觉得大家说的有道理，就糊里糊涂地放弃了这个男人，不过内心里有点小小的遗憾。

再后来，静茗约见了第十二个男人，叫唐哲。这个男人是个外企的主管，很有修养，品位也极高。这次几个姐妹都觉得这个男的不错，是条大鱼，劝静茗千万不要错过。但静茗觉得，这个男人虽然条件不错，但自己与这个男人有些距离，这让他想起了自己的前男友。可是这次，还是经不住闺蜜的劝说，越看越觉得这个男人好，就糊里糊涂地和他交往了。

在交往中，几个闺蜜极力撮合静茗和唐哲，一年后，静茗就和这个男人结婚了。在最初的半年里，唐哲还如同婚前那么温文尔雅，对静茗很不错。可半年之后唐哲慢慢恢复了本来的面目，静茗发现这个男人和前男友太像了，同样的清高自傲，同样的自以为是，同样的霸道不讲理。她在相亲的时候就有这种预感，可她当时没有坚持自己的判断，而是听信的闺蜜们的建议，结果……

后来，一个朋友告诉静茗，当初她认为不错的那个刘一飞已经结婚了，对象就是这朋友的同事。据朋友讲，她的同事过得很幸福，刘一飞是个没架子的男人，从来不在老婆面前发脾气，也不会整天和老婆吵架，懂得忍让。两人在生活里恩恩爱爱，没有多少浪漫，却过得很快乐，这让静茗既羡慕又后悔。同样，她在相亲的时候就觉得他不错，可她当时没有坚持自己的判断，而是听信了闺蜜的建议，结果……

静茗的妹妹目前也在相亲，她就告诉妹妹说："千万不要被闺蜜的话丢掉你心中的好男人，否则你会像我一样后悔。"

其实，闺蜜的话可以听听，这样可以帮你分析男人，帮助你找到最适合你的老公。但如果你像文中的韩静茗一样完全听信闺蜜的意见，你就会失去自己的判断力，从而选错男人，或是错过好男人。

闺蜜在帮你出主意、提意见的时候，往往都是从自己的喜好出发的，她们认为好的男人可能很适合她们，但未必就适合你。每个女人都有自己选择对象的标准，别人的标准只能作为参考，别人的建议也不能主宰你的判断。

另一方面，闺蜜们喜欢以自己的老公或男朋友为蓝本去判断男人，这其实是对老公或男朋友缺点的一种抱怨，比如老公不爱做家务，当她们遇到不爱做家务的男人，会特别讨厌，就劝闺蜜不要选择这样的男人。在这种心态下，她们容易夸大男人的缺点，也忽视了男人身上的优点，使得她难以客观地去看待一个男人。而你作为相亲的主角儿，一定要保持清醒的头脑才行。

你可以听听的建议

1. 自己认准的男人不要轻易动摇。

既然是你自己选择老公，你必须有主见才行，只要认为适合自己的好男人，在理智不冲动的情况下，就不要轻易放弃。无论别人怎么说，无论别人如何劝你，该坚持的就要坚持，当然朋友的建议很重要，但要看你如何去利用和分析。

2. 不要带着闺蜜去相亲，小心喧宾夺主。

有的女孩在相亲的时候喜欢带上自己的闺蜜一起去，一来为自己壮胆，二来帮自己观察一下这个男的，给自己出出主意。但她们又害怕，如果真的带女伴去的话会不会分散对方对自己的关注度？若是对方没有相中你，而是看上了自己的闺蜜，这样不但喧宾夺主了，还可能影响你和闺蜜之间的友谊，所以，尽量不要带闺蜜去相亲，特别是比你漂亮又优秀的闺蜜，如果让她们去，也要在隐蔽在暗处。

不要用别人的偏见去判断男人

　　一个妹子说，我最近交了一个男朋友，是在一次相亲大会上认识的。那天，我一人孤独地站在那里，他是主动走过来与我交谈的男人。其实我那天挺郁闷的，一个30岁的白领竟然没几个男人找我搭讪，后来想想也正常，"剩女"太多了，而能满足"剩女"要求的好男人实在太少了，而这些男人又偏偏对二十几岁的小女人感兴趣，真想揍这些男人。

　　这个男人主动与我搭讪还是令我很感动的。他显得很谦和，说话也很幽默，没有给我留下不好的印象，而随着交谈的深入，我觉得这个男人不错，值得交往。那天见面之后，他晚上就给我发短信，问我明天是否可以到咖啡厅坐坐。我笑着回了条短信：那好吧！就这样，我们开始交往了。

　　有一天，我和他正在商场里闲逛，迎面遇到了同事小雅，和我打过招呼后，小雅用惊讶的眼神看着我身边的男人说道："怎么是你！"原来他们是高中同学，已经没有十年没见面了。然而，他们之间显得有些不自然，都没什么话说。我还以为这男的是小雅的初恋男友，让我一阵担心，其实是我多虑了，但小雅后来却告诉我一个"天大的秘密"。

第二天下班后，小雅找到我，向我揭露她这个高中同学，并劝说我不要和他交往，说他中学时代有过不光彩的事情。小雅说，自己曾经和这个男的在中学时代是很好的朋友，然而有一天，有人说他偷东西了，班里的同学都在传这个事情。小雅当时不相信这是真的，觉得这么老实善良的男生不可能做这样的事情，而且，他也多次为自己辩解说是有人诬陷他，自己没有偷东西的理由。

但流言蜚语太厉害了，以致每个同学和老师都相信他偷了东西，小雅渐渐地相信这是真的，从此这个男生在她心中的印象一落千丈，还感慨地说："这个人简直就是个伪君子！"小雅不再和他做朋友，几乎所有的人都不愿再和他说话，在以后的日子里，他都是独来独往的。后来就转学了，从此再也没有见过面。

末了，小雅再次提醒我不要和他交往，这样的男人品质有问题，最好离他远一些。听了小雅的描述，我很诧异，这么样的一个男人怎么会偷东西呢？我问小雅说："你真的确定他偷了东西了吗？有没有人看到？"小雅摇摇头说："我不清楚，但大家都这么说，我不相信都很难了，总之你离他远一点就是啦！"

回到家，我就打电话把那男的约出来，询问了中学时代的那次"小偷门"事件。我们坐在公园的长椅上，晚风带着闷热的暑气。男人说他已经料到我来问他。他的语气显得很平静，他说自己根本没有做过，是不会承认的，也不愿意解释。告别的时候，他用一种期望的眼神望着我说："如果你愿意相信我，希望我们还可以交往下去，如果你相信偏见的谣言，我是不会勉强你的！"

那天，我陷入了矛盾之中，小雅说的是真的吗？那个男人是真偷过东西？还是被冤枉的？我到底该相信谁。其实，在我内心深处，我根本不相信，我想那应该是一场误会，我们不能用传言去给一个人定罪，除非你真的看到他偷东西。但晚上我又接到小雅的短信，还是那些提醒我的话。

唉！流言蜚语真真假假，到底该信谁！

至于那个男人有没有偷东西，没谁能拿出证据来肯定，一切都是传言和流言蜚语，正如文中说的那样，我们不能用他人的偏见去给一个人随便扣上一个小偷的帽子。同事小雅口中的传言不能不听，但不要盲目的相信，文中的"我"必须有自己的判断和观察才行。

我们在生活中也常常会遇到这样事情，比如有一个人被大家集体厌恶，是大家眼中的坏小子，不合群，而你原本想和他交往的，也觉得他不错，可听了大家对他的看法后，在潜移默化中开始讨厌他，并与他为敌，这就是别人的偏见在干涉你的判断。也许他是很好的一个人，只不过在这个圈子里大家都不喜欢他罢了，但这并不代表他很差。

女孩在选择男人时也容易犯这样的毛病，有一个男人周围的人对他的评价都不好，导致很多女孩都不接受他的求爱，而你明明很喜欢他，却因为别人的偏见在潜移默化中改变了对他的态度。可一段时间之后你才发现，他不像别人想象中的那么差。

偏见很狭隘，是很个人化或者小圈子化的判断和看法，它不代表主流的认识，更不能客观地反映事物的真实面貌，很多时候都是错误的，如果相信这种偏见就会对你产生误导。所以，女孩在选择男人的时候不要对别人的偏见盲目相信，要有自己的判断和观察，等你真正了解后再决定选择或放弃这个男人。

小丽来公司不久，在营销部工作，设计部的小凡开始追求她。起初，她都是拒绝小凡的追求。她觉得自己刚来公司就恋爱很不好，若是领导了知道了丢了饭碗就麻烦了，就像电影《杜拉拉升职记》演的那样，要么要工作，要么要爱情，你是不能完美选择的。

几个月来，小丽的防御体系都很牢固。可小凡并没有放弃，总是找机会靠近她，巧的是他们总能在楼梯里不期而遇，小凡便笑着说，这大概就是缘分吧。有一段时间，小丽有一个星期没在电梯里遇到小凡，她不知为何有种失落感，忽然想看到小凡。她知道自己已经对他有点意思了。

一次在电梯里有个色狼骚扰小丽，小丽骂了那男人一声，没想到那家伙却来劲儿了，动手想打她。小丽正想和他理论，一旁的小凡早就看不下去了，一拳打在那男人的鼻子上，鲜血哗啦啦地流，后来他们三人都被叫了警卫室。

为了那事，小丽特意请小凡吃了顿饭，小凡再次表白。小丽这次没有拒绝，答应了他的求爱。他们刚交往不久，小丽的女同事就知道了。在私下里，几个女孩都劝小丽离开设计部的小凡，特别是赵姐，在她眼里，这个小凡是个特别讨厌的男人。说他对感情不认真，不负责任，缺点一箩筐，数也数不清。原来，赵姐的好姐妹莹莹曾经是小凡的女朋友，后来两人就分手了，之后莹莹还离开了这个公司。赵姐说小凡是为了不被老板开除才分手的，还逼着莹莹离开了这个公司……

她们说的都是真的吗？如果小凡真是那样的人，小丽还真打算放弃小凡，这人太自私，太没责任感了。但她又觉得仅凭几个女人的一面之词是不能盲目做决定的。她要打探一下小凡的"底细"，这时她想到自己的同学刘丹。刘丹和小丽是同时进公司的，小丽分在了营销部，而刘丹去了设计部，正好和小凡在同一个部门工作，应该对小凡比较了解，至少知道他在设计部的形象如何。

小丽就找来刘丹了解情况。不问不知道，一问才知道人在不同圈子里的评价是不一样的。刘丹告诉小丽，小凡在设计部的人缘很好，没有营销部传的那么邪乎。对于小凡和莹莹的事情，设计部却是另一个版本。刘丹说小凡是发现莹莹和大学的男友还保持着联系，一次还捉奸在床，小凡这才提出了分手的。至于莹莹离开公司，完全是她的工作业绩不好，才被老板开除的，和小凡没一点关系。

小丽通过多方了解才知道，赵姐和莹莹关系很好，看了闺蜜被"甩"了，便把小凡当成了敌人，故意在营销部诋毁小凡的形象，这才使得大家对小凡有了偏见。小丽庆幸自己没有相信他们的偏见，不然，她将错过一段爱情。

小丽继续和小凡交往，当然他们转入了地下，一来公司规定不准谈恋爱，太高调容易被老板盯上，二来让营销部的姐妹知道自己还和小凡交往也不利于自己工作。不过，两年后他们一起跳槽到另一家公司，并准备买房结婚！

你可以听听的建议

1. 不要盲目地听信没有根据的传言。

传言是都没有考据的东西，没人见过，没人尝试过，我们只是道听途说别人的观点和看法，这些传言不足以说明一个人。如果你正在接触的男人正被某些传言困扰着，请不要像别人那样不假思索地认同这种传言，你应该考证这些传言的真实性。

2. 不要只听信某一个人对这个男人的评价。

一个男人到底怎么样，可能每个人都有自己的看法，也许有些人喜欢，也可能有人不喜欢他，这就使得同一个人在不同人的眼里是不一样的，因此，你不能只听信某个人，或某个圈子里的人对这个男人的评价，不能轻易去否定一个人，要多方了解。

3. 你应该对男人多点信任。

爱情需要信任，选择对象时也需要信任。如果你听到一些传言就当真，还逼着男人说出真相，这就是对男人的一种不尊重。你应该对男人表现出自己的信任，即便怀疑，也不要当面讲出来，要自己去调查和打听。

第八章　嫁给富家男人，你生活在幸福的悬崖上

　　很多女孩总幻想着嫁入豪门或嫁给有钱的男人，做一个享受荣华富贵的女人，可当她们真正踏入豪门后，才知道"豪门深似海"，看上去很美的幸福其实有着难以言表的委屈、寂寞和压抑。嫁给有钱男人后，你没有向男人叫板的资本，你只能老老实实地做听话的老婆，嫁入豪门，你必须做个规规矩矩的儿媳，在与婆婆的交锋中，受委屈的永远都是你。而且，豪门的女人都是寂寞的，寂寞到让有些人想出轨。所以，嫁给富男人，你就生活在幸福的悬崖上，很没有安全感。

不陪男人吃苦，你拿什么向富男人叫板

很多女孩都想嫁入豪门，但豪门生活你了解多少？真的有你想象中的那么幸福的吗？你要知道，天下没有免费的午餐，容易得到的幸福是要付出代价的，你可能得到了富太太一样的生活，但你很难得到男人打心底的尊重，你更没有向男人叫板的资本。因为你没有为他的成功做出任何的贡献，你只是在白白享受他的劳动果实，男人高兴的时候，他会把你当作宝贝一样，他不高兴了，你就一文不值。

下面这个女孩就经历了一场豪门的噩梦，她觉得男人对自己不尊重，但她却没有向男人叫板的资本，最后只能以自己的离开告终：

我承认自己是一个爱慕虚荣、贪图富贵的女人，而且妈妈也希望我能嫁给一个有钱的老公，他们都认为嫁入豪门后就可以过上幸福的生活。也许很多人会骂我，反驳我，但有这样想法的女孩不只我一个。

因此，大学毕业后我就和穷男友拜拜了，我没有时

间陪一个男人吃苦奋斗，那是一个漫长的过程，我真的等不了。此后的一段时间，我陆续交了几个男朋友，最后都没有成功，他们都不是我想嫁的那种男人。

有一天，我在新闻上看到一些富豪通过征婚的方式选择自己的另一半，很多漂亮的美女都纷纷报名。这则新闻引起了我极大的兴趣，我嫁入豪门的欲望也强烈起来。虽然能被富豪选中是件很渺茫的事情，但我对自己有足够的自信，我有本科学历，有一定的姿色，有气质也有内涵，与那些只有漂亮脸蛋的女人相比，我有竞争优势。

妈妈也行动起来了，为了帮我找到"金龟婿"，她花了血本——用好几万元在一个高级交友会所给我报了名，那里面都是富豪级的人物，来报名的女孩都个个不一般。其实那根本不像在相亲，感觉像是古代帝王在选嫔妃一样，一大堆女人等待着几个男人的挑选。

我们一群漂亮的女人报名、笔试、面试，进行一轮轮的筛选，竞争比"花儿朵朵"还残酷，那些征婚人员比"毒舌评委"还无情。然而整个过程我们除了知道富豪的一些资料，却从来没见过富豪本人，也不知道自己会被哪个富豪看中。虽然看上去很不公平，也是对女性的一种歧视，但没人愿意放弃最后一线的希望，各个比"凤姐"还自信。

不过，我最后还是成为了"幸运女孩"，有了与富豪见面的机会。接着，我们20个女孩经过了三个富豪的约见，说白了就是被挑选。一个星期后，举办方告诉我某一富豪感觉我不错，想继续发展。

那个男人是个上市公司的老总，有车有房，长的也蛮有气质的，是个标准的钻石王老五，不过年龄比我大了十几岁。妈妈却认为年龄不是问题，只要这个男人能让我过上好生活就行。于是，交往一段时间（被考察）后，富豪决定娶我为妻。

婚后我确实过上了富太太一样的生活，让很多姐妹都羡慕。然而，这个男人特别大男子主义，高兴的时候还能对我温柔一样，不高兴的时候就像对待他的下属一样冷酷，一点情面都不留，感觉我不像他的老婆，倒像是他雇用而来的保姆。若是平常有男人这样对我，我肯定会反击，但面对这样一个强势男人，我只能默默忍受。

一次我真的受不了他高高在上的样子，就和他吵了起来，他生气地骂道："你敢跟我叫板？你知道你今天的一切都怎么得到吗？既然你得到了一切，并做了我的老婆，你就应该乖乖地听话，别想让我宠着你的小脾气，我不会忍受一个女人在我面前猖狂！"

我无言以对，想哭又不敢哭，想闹也不敢闹，委屈地站在那里。分明是他不对，是他的脾气太大，我仅仅就顶撞了一次他就发这么大的火，这太不公平了。我感觉自己的尊严被侮辱了，我站起来摔门而出。我原以为如果他还是个男人的话，即便不道歉，也应该把我追回来，我站在大街上足足一个钟头，也没见他出门。我失望至极，所有的委屈都涌上心头，我哭着打车去了娘家。

感觉还是家里是温暖的，起码父母非常尊重我，没人会指着鼻子骂我。晚上，妈妈等我哭完就来安慰我。妈妈说既然嫁给这样的男人，受点委屈是正常的，只要你过得幸福，一切都可以忍耐。我虽然不同意妈妈的说话，但我又能说什么呢？我只是一个嫁入豪门的平凡女子，我有什么资格谈公平。

后来我怀孕了，两个人的关系好了些，他有时也会发发男人的慈悲对我温柔些，这令我很感动，不幸的是，我不小心摔倒导致流产，更严重的是我失去了生育能力。在我养病期间，他对我没有指责，但他先前的那些温柔已经荡然无存，再次变得脾气暴躁。我很清楚，我的流产让他很失望，我比以前更怕他了。

他对我越来越冷淡，有时甚至无视我的存在，一天说不了几句话。这种生活简直比坐牢还难受，当你想好好和他说话时，他就给你一张冷峻无比的脸。直到另一个女孩的出现，他才向我提出了离婚。我欲哭无泪，我成了什么了，他想娶就娶，想离婚就离婚，一切都他说了算，我的地位在哪里？我难道不是他的老婆吗？

我想说我不同意，但我没有一点叫板的底气。这里的一切都是他的，他的成功没有我的任何功劳，而我只是白白享受他的劳动果实，我拿什么让他尊重我，拿什么让他对我忠心，又拿什么去教训他。我最终选择了离婚，并得到了他廉价的补偿——一套房子。

我终于明白，如果一个女人不陪男人吃苦，没有为他的财富做出贡献，你在这个男人面前就没有叫板的底气，你所有的一切幸福都没有安全感。说不定哪天男人不喜欢你了，就把你一脚踢开，他不会有内疚感，因为你在享受他的劳动果实。

这个故事应该给那些一心嫁入豪门的女孩一点警示。就是豪门不是一道免费的大餐，要想吃它，得付出忍受不公平的代价，而且你的地位也不会受到尊重，一个享受别人果实的人，是没资格向播种果实的人叫板的。

女孩们必须明白，任何男人成功都是用汗水换来的，他过去不吃苦就难以有今天的成就（富二代、违法犯罪者除外），你心安理得去享受别人的劳动成果会觉得快乐吗？这样的生活幸福吗？坐享其成别人的劳动成果会使一个女人失去与男人叫板的条件，你只能顺从男人，或者忍气吞声。

而且，你不能保证这个富男人真的会爱你一辈子，你需要长期预防"小三"的入侵。即便是个好男人，你也没有与男人平起平坐的地位，因为一个女人在家中的地位和话语权与曾经的付出是成正比的。倘若你们是结发夫妻，假如你们一起创业，假如你曾陪他走过人生最困难的日子，我想男人及其他的家人一定会尊重你，周围的人也看得起你。

只有那些愿意陪男人一起吃苦的女人才值得尊重，在家中才有资格谈地位和话语权，同时，这样的女人也是天下最美丽的女人。男人不敢不珍惜，你是他成功背后的女人，在内心深处他感谢你的付出，纵然他有一天没控制好欲望去偷腥，但他心中你依然最重要，不会轻易抛弃你，这时你就有机会打败"小三"。

所以，如果你没有多少叫板的资本，就别幻想着做富太太。如果你现在已经嫁入豪门，请多为男人做事情，多积累自己叫板的资本，这样男人才能尊重你。

你可以听听的建议

1. 别把漂亮当成嫁入豪门的资本。

我们前面讲男人的帅气不是资本，选男人要实用才行，那么女人的漂亮是资本吗？是资本，很多男人喜欢漂亮的女人，但是如果你把漂亮当唯一资本是没安全感的。因为女人的容颜总会老去，到那时你的漂亮对男人就没有足够的吸引力。所以，女人要嫁入豪门，你还必须具有其他的资本，比如能力、学识、气质等等，如果一个女人有能力，男人就会特别重视这个女人，并使她成为自己的左膀右臂。

2. 不要嫁给一个过于强势的富男人。

如果一个富男人过于强势，他就很难把你放在同等的位置上，他爱面子，脾气大，不会主动道歉，如果你反驳他，他会很生气，拿出一堆的道理教训你，跟着他过日子你很难受到尊重。所以，选择富男人应该选择一些性格、脾气、品质都好的男人，这个男人应不拿自己的财富压你，懂得尊重你。

3.陪一个潜力股吃苦奋斗。

每个成功的男人都需要一个吃苦的奋斗的过程，如果你现在正陪着一个潜力股吃苦奋斗，请不要轻易放弃他，等有一天他成为了富豪，他一定会十分地敬重你，那时你一定有向他叫板的资本和底气。

老公的宠爱没安全感，他眼里你排第三

　　嫁给富男人，你不但难以享受与男人同等的地位，而且，在男人心中你的地位依然不会太高，难以排到第一的位置，这个位置永远是留给他妈的，或是他最亲近的人，你最多只能排到第三的位置上。

　　男人所在的家族是一个集体，而你就好像一个外来人，你没有为这个家庭做出多少的贡献，因此在男人心中你比不上其他亲人重要，或许，他很看重你，但为了维护家族的脸面，他会毫不留情面地让你受委屈。这时，男人可以得罪你，却不会得罪自己的父母和亲友，男人可以不给你面子，但一定要给父母面子，男人可以不顾及你的感受，却不能不顾父母的感受。特别是男人的老妈，在这些男人心中，老妈的地位是不可撼动的。

　　前面我们讲了婆媳矛盾，很多男人在两个女人的争吵时不知所措，不知道帮谁说话，不知道该批评谁，只能夹在中间受气。而在豪门里，媳妇别想着战胜婆婆，更别想和婆婆平起平坐，老公永远站在老妈这边，无论谁对谁错都只能让你受委屈。

所以，男人对你的宠爱没有安全感。

我们看这个故事：

瑶瑶在嫁入豪门前只是一个普普通通的女孩，父母是卖水果的，而且他们家族里几百年也没出现过光宗耀祖的人物，都是底层的小劳动者。后来，瑶瑶在大学里和一个女强人的儿子恋爱了，该男生还打算几年后取她过门。这事让瑶瑶的家人及亲人充满了遐想，都盼望着她嫁入豪门后自己能沾沾光。

然而，男友的母亲是个很干练又很冷漠的女人，她当初不同意儿子和瑶瑶交往，瞧不上她的出身，也不觉得她有其他方面的优点。男友很听母亲的话，就想和瑶瑶分手。可瑶瑶不甘心，她的家人也不甘心。为此，瑶瑶想尽办法去讨好这个难缠的女人，经过一年的努力，瑶瑶终于打动了男友的妈妈，同意她嫁入豪门，但前提是进门后要听自己的话。为了踏入豪门，瑶瑶只好委曲求全了。

当年国庆节，瑶瑶和男友在一家五星级酒店举办了奢华的婚礼，婚礼是婆婆一手操办的，男友十分听从母亲的安排，没有任何意见。可瑶瑶却有自己的想法，这毕竟是自己人生当中最重要的一天，她希望浪漫一些，也希望多请一些自己的亲戚和朋友，但这一一被婆婆无情地驳回了。

瑶瑶想跟婆婆理论，认为对自己很不公平，但婆婆却给她一张极其难看的脸，她找老公说理，男人根本不把他的委屈当回事，说一切都听他妈妈的安排。这事让瑶瑶心存芥蒂，心里有着太多的委屈和抱怨，对婆婆特别不服气，但她还是忍了，想着等嫁入豪门后，再和婆婆好好过过招，她必须让婆婆尊重自己才行，而战胜婆婆首先就要从老公下手，要让老公多宠着自己。

然而，结婚第二天，婆媳间的战争就爆发了。那天早上，婆婆没打招呼就冲进他们的新家，直接用钥匙开门，并直奔卧室让老公立刻去公司处理事情，而且指桑骂槐似的说天都这么亮了，还睡懒觉。虽然觉得婆婆的行为有些无礼，但婆婆以公务为理由催促新婚的儿子起床也没办法反驳她，即便有理由反驳，她也不敢啊。

这只是战争的开端，好戏还在后头，瑶瑶发现自己根本就不是婆婆的对手，自己也没资格和婆婆过招，自己的老公永远站在妈妈那边，什么都是妈妈对，而自己这个老婆无论做什么都是错的。

有一次瑶瑶老家来人，由于他们没有住的地方，瑶瑶就安排几个人睡在自己的家里。婆婆知道后就气冲冲地杀过来，不同意他们住在这里，说："这是我出钱买的房子，谁能住在这里必须我说了算。"

瑶瑶当时很尴尬，就让亲友看电视,我小声对婆婆说:"他们都是我老家的亲友，没地方住,我不能不招待啊!"

婆婆冷笑一声说："我说不行就不行，这个家是你说了算还是我说了算？你为这个家做了多少贡献？"

瑶瑶当时相当没面子，她想，这难道这不是我的家吗？难道我没有一点的决定权吗？无奈，她只能向亲友表示歉意，并自己花钱让他们到旅店住。他们原以为瑶瑶嫁入豪门后自己以后来市里能方便些，没想到连门都不让进，悲哀！

等亲友走后，气愤的瑶瑶就找老公讲理，然而老公不但不责怪母亲，还帮着母亲说话，这让瑶瑶相当失望，两人就大吵了一架。瑶瑶想不明白老公为何处处都站在母亲那边，而她倒像外人一样，他平常对你再好，在关键的问题上不给你点尊严和地位，这样的日子过得有什么意思呢？

老公后来告诉瑶瑶，这个家里的一切都是母亲创造的。在他小时候，父亲便在一场车祸中不幸遇难。家庭的重担就落在了母亲的肩上，她一边照顾儿子，一边像男人一样为生存打拼，他们家能有今天，全是母亲的功劳。所以，母亲在他心中的地位是无法动摇的，无论母亲对错，他必须给母亲面子。

了解到这个不容易的母亲，再加上不想失去豪门的生活，瑶瑶继续忍，不想和婆婆再计较。然而瑶瑶的退让并没有让婆婆的态度改善，婆婆依然不把她放在眼里，处处挑她的毛病。瑶瑶真的很委屈，瑶瑶找谁去诉苦？

老公根本不会理睬她，他脑子里只有老妈。

　　瑶瑶厌倦了豪门生活，在这里完全没有自己的位置，她决定离婚，令她哭笑不得的是，老公却回答说："我做不了主，我要问问母亲的意思。"真是可笑，一个男人连离婚都要问自己的母亲！我这次铁了心要离婚。豪门有什么好的，你没有尊严，没有地位，老公绝对不会把你捧在手心里呵护，因为你不够资格！

　　嫁入豪门的平凡女孩，无论在各个方面都没资历，你无法享受与别人相同的地位，在与婆婆的这场豪门战争中，你难以得到老公的支持，受委屈的只有你。无论这个男人多么宠你、爱你，但他必须牺牲你的面子和尊严。

　　因此，如果你是一个渴望被尊重，渴望公平，渴望被老公宠爱的女孩，在准备嫁入豪门时，一定要看看自己的忍耐力和抗击打能力有多强。如果你已经嫁入豪门，面对一个强大的家族，搞好与婆婆及其家人的关系是很重要的，不要幻想着老公宠爱你就会为你说话，提高你的话语权才是重要的。

嫁入豪门，幸福生活的另一面

都说嫁入豪门可以享受荣华富贵，可以风风光光地做个少奶奶，可是又有人说，"一入豪门深似海"，别以为豪门媳妇有那么好当，要伺候好公婆，要旺夫，要会生儿子，要保养好身材样貌……豪门是钱多，可是规矩也多着呢。

女人嫁入豪门后便失去了作为普通人的自由，她所有的行为规范都必须符合这个家族的要求，必须让公婆看着顺眼，必须做样子给外人看，你自己的性格、爱好、小脾气都被束缚在一个个条条框框里，你再也不能像过去那样想干嘛就干嘛，就连你平常和什么样的人交往，穿什么衣服都不能自己完全做主，你必须小心翼翼地活着才行，风光的背后其实有着很多不为人知的苦闷，她们未必有穷女人幸福。

很多女孩由于受不了豪门的种种约束，选择了离婚，然后去寻找平凡人的自由生活，也有的女孩是不幸的，她们可能没有好好遵守豪门的规矩，没有做到一个合格的豪门媳妇，令公婆很不满意，轻则会被批评和指责，重则还可能被扫地出门。

普通人如此，明星也如此。1978 年，港姐冠军朱玲玲与霍震霆携手走上了婚姻的红地毯。因为霍震霆是富豪霍英东之子，又比朱玲玲年长 14 岁，这段婚姻在全港引起了轰动。以世俗的眼光来看，朱玲玲是这场豪门婚姻里的赢家，与到手的荣华富贵相比，她"牺牲"的演艺生涯实在不值一提。

可惜豪门的媳妇不好当，霍氏家族的家规非常严格，不允许家里的女人抛头露面，所以朱玲玲除了尽心尽力照顾 3 个孩子以外，一直没有外出工作，也不能过问丈夫在外面的行踪。2001 年，朱玲玲无法再忍受丈夫的花心和豪门里的寂寞，毅然搬出了霍家大宅。但每逢丈夫要她出席"隆重盛事"，她仍会义不容辞地与他"恩爱出场"，力证全家关系良好。最后，朱玲玲与霍震霆正式离婚，长期有名无实的婚姻终于结束了。

除了朱玲玲，还有很多女星由于忍受不了豪门的规矩和约束使婚姻破裂，并导致双方反目成仇，比如贾静雯和孙志浩的豪门恩怨。但一些女星却很聪明，她们知道豪门这道水太深，趟不得，规矩太多，嫁入豪门就不能好好为自己的理想和事业奋斗，你可以看到很多女明星，如林青霞、关之琳等嫁入豪门后就远离了我们的视线。从此，她们就相夫教子，安安分分地待在豪门里。而香港的容祖儿则是例外，我们看这篇新闻报道：

有杂志指香港富豪胡应湘的儿子捧容祖儿个唱时，兴奋得有如小歌迷一般，而且还不停地用手机拍照，于是传出他想追求容祖儿。不过却是"襄王有情，神女无心"，容祖儿出席一个活动时，急忙撇清与对方的关系，强调与对方是"零认识"。而且还表示自己如脱缰野马，绝不想嫁入豪门："我看了杂志才知道他来捧场，真的拍拖就不会隐瞒。而且如果捧场就是我的男友，那我不是有上万个男友？"不仅如此，容祖儿还向所有豪门公子抛出了"禁追令"："豪门家规森严，我怕被人踢出门。"其实，容祖儿本身就是一个富婆，如今贵为乐坛小天后的她不需要嫁入豪门，就可以让自己过上舒适的生活。

那么，豪门里到底有哪些规矩呢？或者嫁入豪门后，女人应该怎么做才能符合豪门的要求呢。根据很多豪门媳妇的经历，有人总结了以下几点。

1. 必须习惯低人一等的转变，小心翼翼地生活。

豪门的权力架构比较复杂，有来自家族习惯的传承，有来自内部势力的角逐，初来乍到的媳妇虽身贵，但份儿低，你必须小心翼翼地为人处世。首先，长辈们你必须尊重，即便受到委屈也不能顶撞，其次，同辈份的亦不容许你指手画脚，任何人都比你有发言权，你也得敬着他们，让着他们。

2. 必须按照这个家族的习惯生活，并遵守各种礼仪。

每个豪门家族都有自己的生活习惯，以及各种礼仪。如，你必须有固定的生活规律，不能睡懒觉，不能不按时吃饭，而且吃什么也不是按照你个人的口味。再如，你必须穿戴得体，不能再像以前一样按照自己的个性穿衣服。豪门也有各种各样的礼仪规范，可能很多事情不是你愿意做的，但豪门的规矩逼着你做到完美。

3. 必须时刻注意豪门的形象。

豪门都很在乎自己家族的形象，任何有损豪门形象的事情都是不允许的，你必须时常保持自己的完美的形象。首先在外人面前做事情、说话、穿戴、交朋友，都要考虑慎重考虑，不能做的不做，不该说的不说。还不能太性感，比如，嫁入马来西亚名门望族的胡静，因为在公众场合穿比基尼而受到婆家的责备。有时还要伪装自己，即便在豪门里过得很不如意，也必须装出幸福的样子，它牵系着祖宗几代人的声望，它牵系着夫家所涉的所有商业声誉、前景以及传统习惯。

4. 凡事要汇报，不能想干什么就干什么。

嫁入豪门，你的行动会受到限制，任何事情都要征得长辈和老公的同意，不能擅自自作主张，大到生子、育子，小到去哪里旅游之类的小事情。如果公婆和老公觉得你这件事情做得不对就得改，让你放弃就得放弃，一切不能由着自己。

5. 传宗接代是你不能推卸的责任。

豪门家族很在乎传宗接代这个问题，名门的香火不能断，希望子孙兴旺。如此一来，生一个孩子，特别是儿子成了豪门媳妇的必修功课，如果一个女人没有生育能力，她是很难进入豪门的。在婚前，对方通常会委托相学专家、风水大师对其生辰八字、面相仪态做一番考究，确定未来儿媳是否旺夫、是否生育能力超强。

6. 必须做好相夫教子的准备。

除了生孩子，豪门儿媳最大的任务就是相夫教子，你可以不工作，但一定要安心呆在家里好好教育孩子，不需要你抛头露面。因此，很多女孩嫁入豪门就放弃了自己所追求的事业，也没有了理想和奋斗。

7.嫁过来，就是这家的人，不要天天往娘家跑。

女人结婚后，必须要面对两个家庭，普通女人可能喜欢隔三差五地回娘家，但在豪门家族却没那么自由，你必须把重心放在夫家才行，特别是每逢大型习俗节庆时需陪着老公的家人。如果没有重大的事情，严禁返回娘家过夜。

可见，豪门的规矩是太多，不是正常人能适应的，在那里你的个性被束缚，梦想被剥夺，连心情时常都是压抑的。你只能做一个乖媳妇，要守规矩，要守妇道，要听公婆的话，更要听老公的话。这样的生活你能接受吗？如果你喜欢自由的生活，如果你不想放弃自己的理想和事业，在选择时一定要慎重。

全职太太独守空房的寂寞苦恼

有一个全职太太这样说：

老公是一家公司的老总，自从我嫁给他之后，我便没有出去工作，做起了全职太太。在家里给做他做饭、做家务、购物等等，反正没多少劳动。他说自己有足够的钱让我过上幸福的生活，没有打工赚钱的必要。

对于一个整天抱怨工作太累的女人来说，不上班却有男人养着，一定是件很幸运的事情。这样就没有工作的压力，不用天天看老板的脸色，不用跟同事们勾心斗角，也不用天天盼望着发工资的日子，这样的生活真是太自在了。

刚开始的时候，日子过得很清闲，不用上班，没事便看看电视上上网，饿了就在家做点美食，困了就睡觉。可时间长了就觉得特别无聊，老公不在，我一个人呆在房子里没有人说话，也没有热闹的氛围，我所有的快乐只有老公晚上回到家那点短暂的时光。老公后来越来越忙，有时很晚才回家，他显得特别累，不想说话，也不愿意再陪我玩闹了。

对于这样的生活我有些不满，我虽然能理解男人在外打拼是为了赚更多的钱，过更好的生活，可是我是个女人，我也需要老公的关心，也需要他在工作之余能陪陪我。我常常失眠，只要看不到他在自己身边，我心里就不踏实，会想东想西，越想越睡不着。

精神的寂寞让人孤独，而身体的寂寞则让我很压抑。老公不再像以前那样"性趣十足"了，以前的调情和浪漫都显得很勉强，难以给我身体上的满足，有时他一出差就是几个月，而我一个人在家里真是煎熬啊。有时，我怀疑老公是不是在外边有女人，很多有钱男人都喜欢找多个情人，我的老公也是这样吗？平常呆在家里没事老是琢磨这些事情，觉得自己很没有安全感。

现在我真的后悔做个全职太太了，感觉一个女人还是应该出去做点事情，如果老公不是很有钱，我们就可以过一种很平淡的日子，两个人一起努力赚钱养家，这样的生活才是幸福的，生活才有激情。

女人是容易寂寞的，她害怕独处，希望能有一个陪着自己说话，能天天看到的男人，特别当一个女人独守空房时，她就会感到特别寂寞和无聊。然而嫁入豪门，或者成为一个全职太太后，这种寂寞生活就难以避免。我们在上节中曾讲，一个女人嫁入豪门后最大的责任是传宗接代和相夫教子，公婆和老公是不希望你上班，只希望你好好在家里呆着。

　　然而，男人们不停地忙于工作和事业，忙于各种各样的应酬，频繁地出差到外地，甚至在外边花天酒地把家里的老婆丢在一边。于是，太太们总是看不到男人的身影，听不到他们男人的声音，留给自己的只是一个空荡荡的房间，时间长了，就会像开头故事中描绘的那样，会寂寞，会抱怨，还会担心丈夫出轨。

　　女人是渴望男人的陪伴的，更渴望感情和身体的慰藉，如果一个女人长期处于孤单之中，自己的寂寞得不到排遣，女人就会有出轨的念头，让其他男人乘虚而入。有些女人是耐不住寂寞的，如果这个时候正好出现一个男人非常关心她，陪她聊天，陪她玩，让她重新获得快乐。她面对这一个男人的热情，再想想丈夫的冷漠，很容易做出傻事。

　　然而，一个富男人可以花天酒地，可以一夜情，可以有多个情人，但他却不能容忍自己的老婆给自己戴绿帽子。在豪门望族，你的下场会更惨，若是精神出轨，可能会受到严厉的指责，若是身体出了轨，公婆会觉得你败坏了门风，让家族丢了脸，从此以后你很难仰着头做人，严重的话会被逼着离婚。

　　这样的故事有很多，很多嫁给富男人的女人，由于受不了独守空房的寂寞，她们背着丈夫偷情，从别的男人那里得到一个女人应该得到的关爱、体贴、爱护、性福，有了作为女人的尊严，但这样的婚姻也该划上句号了。

　　我们看这个故事：

　　孔玲大学毕业没两年就结婚了，成为一个"毕婚族"。他老公是某集团公司董事长的儿子，家里资产上亿，在当地是数一数二的大户人家。他们当初是在一个高级相亲俱乐部认识的，他叫张飞飞，有25岁左右，一眼就看上了美貌、气质俱佳的孔玲。当然，面对一个家境不错，长相也不错的男人，孔玲没有理由拒绝。

　　此后两个人开始交往，孔玲在男朋友家人面前表现得很贤惠，逐渐赢得了张飞飞家人的好感，最后成功地嫁入了豪门。孔玲十分得意，要知道这个时候她的那些姐妹们还陪着穷男友"蜗居"在地下室呢，而她一毕业就过上豪门生活。

　　刚结婚那会儿，张飞飞没什么事情做，在父亲公司实习锻炼。他有大把的时间玩。婚后的一段时间，两个人度过了浪漫的蜜月，张飞飞带着孔玲走遍了欧洲，还去了一趟祖国的宝岛台湾。即便在家，他也常常开着车陪她兜风、逛街、聚会之类的，那时她特别快乐，有这样一个老公天天陪着自己是很幸福的。

　　然而好景不长，张飞飞的爸爸得了一场病，很严重，张飞飞作为他家唯一的儿子不得不接替爸爸的位置。他的生活从此便紧张起来，不再陪孔玲玩了，也很少呆在家里了，孔玲开始独守空房。公婆住在郊外的一个别墅里，孔玲每星期去一次，剩下的大半时光都是她一个人度过。

张飞飞当了董事长后，经常夜不归宿，他总是说公司任务多，回不来。在没有老公的夜晚里，孔玲感到从未有过的孤独，心里慌慌的，窗外有一点动静都让她紧张。睡觉时，躺在床上翻来覆去的睡不着。孔玲那么么希望老公能多点时间陪她说说话啊！可是这一切都是奢侈的，孔玲必须做个全职太太，必须忍受一个人的寂寞。

后来，孔玲背着老公和公婆经常到酒吧之类的地方去消遣自己的寂寞。在那个喧闹的地方，孔玲找到了精神的慰藉，孔玲和陌生人说话聊天，还认识了一群姐妹，她们不是富太太就是"二太太"之类的女人，但孔玲发现她们身边经常有帅气的男人，他们很年轻，不像她们的老公。后来孔玲才知道这些女人和她一样是群寂寞的女人，呆在家里也很孤独，这才出来寻找男人的气息。在她们开导下，孔玲出轨了。当时有一个很幽默，很会体贴人的男人走进了孔玲的生活，从他那里孔玲获得了作为女人的快乐和尊严。

孔玲知道自己背叛了自己的老公，可孔玲实在无法拒绝另一个男人的诱惑，孔玲渴望男人的陪伴，孔玲害怕孤独。但这事还是被老公的家人知道了，他们认为孔玲是一个不干净的女人，逼着孔玲和他儿子离婚。离婚后，那个诱惑孔玲的男人也突然消失了，孔玲一个人租房子住，日子过得很艰难。孔玲开始反省自己，她该后悔什么呢？是后悔不该出轨，还是后悔不该嫁入豪门做个独守空房的女人？

虽然出轨是不应该的，也是被世人所谴责的，但她们的出轨却有着很多的无奈和委屈，让世人看到了豪门女人并不快乐的寂寞生活。这是对男人们的警醒，提醒他们要多花点时间陪陪女人，更是对一心想嫁豪门女人的警醒，提醒你豪门的生活没你想象中那般美好，耐不住寂寞就别进豪门。如果你已经嫁入豪门，就听听下面的建议。

你可以听听的建议

1. 让男人意识到你的寂寞和孤独。

一个成功的富男人会把大部分的时间用在事业上，这就会导致他们冷落家中的娇妻，再加上他们心没有女人那么细，对于女人的孤独和寂寞难以察觉，他们总觉得让女人住上大房子，不愁吃不愁穿就是幸福。其实不然，你应该让男人知道，你不仅需要物质上的满足，还需要精神和身体上的满足，让他们多花点时间陪你。

2. 为自己找点事情做，别胡思乱想。

很多女人嫁给富男人后，就不出来工作了，然而，她们呆在家里无所事事，如果朋友不多，就会宅家里靠看电视之类的事情来消磨时间。假如她们能找点事情做，就会让自己忙碌起来，减少胡思乱想的时间。比如写作，比如学习插花、烹饪，比如练习舞蹈、钢琴，或者参加各种培训班。

　　3. 建立自己的交际圈子，不要天天活在二人世界。

　　老是一个人呆着肯定会出问题，女人要想在家中不孤单，就应该多接触老公之外的人，要有自己的圈子才行。女人有了自己的圈子，就不会一个人闷着自己了，你可以与闺蜜一起聊天，一起逛街，没男人陪你也会很快乐。

不要把未来的幸福全押在男人的身上

有一个女孩在博客中写道：

　　女人就应该学着用自己的大脑来养活自己，别全指望着男人，没了他我照样可以吃我的苹果喝我的酸奶，没了他我照样可以和朋友玩得开心，没了他我工作一样顺利生活一样多姿多彩……女人就应该如此，永远别指望花他的钱，经济上不能够独立是女人最大的悲哀，你花他的钱永远都像小孩，要看脸色，男人高兴了你就多得到点，男人不高兴了说不定给你一脚，这也许就是那些女人不幸福的最大原因。

　　这个女孩的观点似乎有些偏激，但也说明一个女人把未来的幸福全压在男人的身上是不行的，因为不是每个男人都能对你负责任，也不是每个男人都会把你当宝贝一样呵护着。当一个女人的幸福要靠男人来实现时，她的幸福就很难有保证。或者男人不喜欢你了，与你分手，或者他爱上了别的女人，与你离婚，或者他的事业失败了，你要跟着他一起过苦日子。这样的生活会有幸福吗？

女人的幸福不完全是男人给予的，女人应该独立起来，让自己也可以去创造幸福，摆脱对男人的依赖性，即便没有男人，你依然能在这个社会上过得很好。你应该明白，男人有时候是靠不住的，靠得住的只有自己。当一个女人独立了，有自己的工作和事业，就能面对生活中的各种挑战，她就得到了一半的幸福，如果再找一个同样优秀的男人，你的生命一定很完美。

而且，一个不依赖男人的女人，一个能为男人减轻生存压力的女人，最能获得男人的好感和尊重。当你值得男人尊重的时候，男人就不会整天在你面前抱怨他的工作太累，不会整天摆着臭架子耀武扬威，同时也不会随便向你发脾气。

我们看这个故事：

老公的家境不错，嫁给他之后我一直没有出来工作，过了一段惬意的富太太生活。但老公所经营的公司在金融危机时倒闭了。为了生存，他从一个老板变成了一个打工仔，在一家外企做项目经理。

那段时间他的工作很累，薪水不高，生活的担子很大。他的脾气变得越来越大，常常动不动就发脾气，或者一个人喝闷酒。我很理解他，就没有和他计较，而是尽量给他安慰，可我越安慰他，他的脾气就越大，这让我感到莫名其妙。

一次他做砸了项目，被老板狠狠地骂一顿。他平常做老板时都是骂别人，如今却变成了被骂的对象，这种角色的转变让他难以适应，再加上没有拿到奖金，他那个月的脾气特别暴躁，简直把我当成了出气筒。

我有些受不了，两个人开始吵架。他气愤地说："你整天呆在家里什么都不干，还天天花那么多的钱，你有什么资格说我？"对于他的话，我无言以对，我能说什么呢？难道我说：你是男人，你就应该为女人赚钱？

从那以后，我想做一个被老公尊重的女人，一个不要依赖他的女人。我走出闺房，开始在竞争激烈的职场寻找一个空间。起初，薪水不高，但维持两个人的生活足足有余。见我能赚钱养家，老公虽然还爱发脾气，但不再说我被他养活了。

后来，我和几个姐妹开了一家服装店，由于位置不错，我们的盈利很可观，每月有万元的收入。我现在可以在老公面前说我独立了，但我没有故意表现给老公看，而是像以前那样小鸟依人，照顾他，体贴他。

老公的脾气越来越好了，大概是他在尽量控制自己，也大概是他认识到面前的这个女人不能小看了，找不到批评的理由了。从此，我们又像以前那样恩爱，两个人都有自己的事业，互相尊重和理解。

可见一个女人独立了，男人就找不到批评她的理由。同时，你们的地位才是平等的，当两人都平等了，在互相尊重的氛围里，生活才有幸福可言，两人开始一起奋斗，成为相濡以沫的恩爱夫妻。

你可以听听的建议

1. 你要有自己的工作。

女人要想独立就要有一份自己的工作，有自己的薪水，如此你才有了可以自己去支配的资本，不用等着老公给你钱。有了自己的钱，你就不怕男人离开你之后你会一无所有，也给男人一个警醒，让他明白再不努力，老婆就会超过他。

2. 不要总等着男人来帮你。

女人不仅要经济上独立，在各个方面都要有独立的意识，不要什么事情都等着男人来帮你一把。只要是自己能够独立去做的，就想办法做好，这样的女人能够在家庭生活中独当一面，成为男人的好帮手。

3. 你要有自己的存款。

虽然很多女人都有自己的工作，收入也不错，可很多女人都把这些钱用在个人消费了，比如高档衣服、化妆品，她们很容易成为表面风光的"月光族"，这种现象在白领阶层很普遍。这些女孩没有理财和储蓄的概念，把未来的幸福都推给了男人。其实，无论是工作还是爱情都有很多变数，如果你有一天失业、失恋了，你拿什么去面对生活？所以，家里有粮，心里才踏实，有了资本才能向男人叫板。

4.你也可以有自己的房子。

对于一个女人来说，她可以不结婚，可以不谈恋爱，可以一辈子单身，可她却不能一辈子没有房子。房子之于女人，不仅是生活的必需品，还是她安身立命的地方，是心灵的归宿。没有房子，女人就没有安全感。而且，房子是你最大的资本，当你和男人结婚时，如果你有一套属于自己的房子，那男人一定不会小瞧你。

第九章　务实些，不是每个女人都能嫁给富男人

中国的男人很多，甚至到了男女比例失调的地步，但在这么多的男人中，能够完全称得上富男人的却是少部分，而且都是年龄比你大的老男人。所以，不是每个女人都能嫁给富男人，这样的人很少，大部分女人还是嫁给平凡的男人。你要想嫁得出去，就得选择这些男人，或者给他们奋斗的时间，否则你只能做"剩女"。但是，嫁给他们你依然能过得幸福，同时你也可以创造幸福，比如雕琢自己的男人，或进行理财投资。

能嫁给富男人的是少数，平凡女人也幸福

很多女孩的择偶要求都很高，有的还喊出"非富男人不嫁"的口号，在她们看来嫁给穷男人的下场会非常惨。嫁给穷男人，你会没大房子住，要与一群"蚁族""蜗居"在租房里，你没有过多的钱去打扮自己，在你怀孕的时候，还要挤公交上班，更重要的是你在其他女人面前抬不起头。

可是，茫茫人海之中，哪里有那么多的富男人？能有豪宅和豪车的男人毕竟是少数，不是每个女人都有机会嫁给他们，你若要想嫁掉自己，就必须选择剩下的普通男人，否则你只能当剩女了。

在中国，大部分男人注定要做普通人的，特别是 30 岁左右的年轻人，他们收入一般，房子一般，车子一般，生活的质量也一般。也许他们不会太穷，但也不会太富有，在高房价的压力下，他们每天忙忙碌碌，不停地为生计奔波。这些男人才是今天中国社会的主流，剩下一小部分才是富男人。

既然没机会嫁给富男人，你就得考虑嫁给这些一般般的男人，甚至是穷男人。你要坦然接受这样一个现实，若是嫁给一般男人后非常不甘心，还幻想着嫁给富男人，你的生活将会充满抱怨和争吵，这对夫妻关系是不利的，长期下去不会有幸福可言。

其实，嫁给一般的男人未必不幸福，就算是个穷女人，只要你能调整好自己的心态，你就能过得很幸福。因为每个人有每个人的生活方式，富女人有富女人的生活标准，穷女人有穷女人的生活标准，两人不同阶层的人是不能用同一个标准来衡量的，你应该去好好感受属于自己的幸福，别整天嫉妒别人。

如今，这样女人越来越多，她们并不嫌弃男人的贫穷。比如有的人说："我愿意嫁给一个即使经济上有点贫穷，但精神上却很富裕的人；我不愿意嫁给一个虽然经济上非常富裕，但精神上却非常贫穷的男人。"

有的人说："如果一个人虽然目前经济上贫穷点，但他却没有放弃过对生活的热爱，对成功的追求，对家人朋友的关爱，我会认为他是一个非常富有的人。"

有的人说："我不在乎男人穷，现在穷没有关系，但是一定要对我好，另外最重要还是要有上进心，有事业上的冲劲，不能满足现状。有钱的男人我不在乎，我最怕那种暴发户或者玩世不恭的有钱人家的公子，对我来说一点吸引力都没有。"

还有的人说："嫁给穷男人后，你特别有安全感，这样的人不容易出轨，对爱情专一，也特别负责任。他对你会特别体贴，疼着你，让着你，忍着你，宽容着你，而嫁给富男人，地位的不平等会让你享受不到这种幸福。"

我们看这个故事，一个平凡的女人一样幸福：

张琳和杜菲从中学就是很要好的朋友，彼此之间无话不谈。在青春懵懂的岁月里，她们有着对爱情的向往，彼此内心里都有自己暗恋的男生，有时甚至是自己的老师。没事的时候，两个女孩喜欢躺在操场的绿地上讨论男生和爱情的话题。那时，爱情在他们眼中是非常神圣的，认为爱一个人无所谓名利、地位和财富，即便跟着这个男人过苦日子。

她们后来考进了同一所大学，依然还是好朋友，并各自有了自己的男朋友，她们依然坚信只要有爱就足够了。毕业后，她们与恋人都留在了这个城市发展，都找到了属于自己的工作，但现实生活的残酷，使她们渐渐成熟起来，从单纯中开始蜕变。

当时她们的很多同学都住上了大房子，或者嫁给了有钱的男人，都过着很滋润的"幸福"生活。两人很羡慕，特别是杜菲，她是一个很在乎面子的女人，当看到昔日的同学和现在的同事都搬进新房子，或者筹备婚事时，她心里就特别羡慕，更多的是嫉妒，时间长了，她的心里就会不平衡。她常常对张琳讲，谁说爱情不需要条件，没房子的爱情有什么意思，我当初要是找个能买得起房的男友该多好啊！

后来，杜菲开始在男友面前抱怨，说做他女友太委屈自己看，说别的女人多么幸福，说她们都能住上漂亮的房子，还说别的男人是多么优秀，说他们是如何赚钱买房的等等。面对女友的抱怨，杜菲的男友在起初还能忍受，还经常安慰女友要多看未来，只要两个人攒够了钱，也照样买房子。可是，杜菲并不稀罕男友廉价的安慰，说那都是男人拿来骗女人的，男友越安慰，她就越抱怨。渐渐地，杜菲的抱怨变唠叨，唠叨变讥讽，最后变成了争吵。直到有一天，两个人分手了，男友说受不了这种生活了，这样的女人太可怕。

再说张琳的故事，她和杜菲一样，也对房子充满了向往，不同的是，她是一个很现实的女人，知道男朋友目前根本买不起房子，只能接受这种现实，因为她没想过要嫁给一个富男人，那样的未必适合自己，而且，她觉得自己很平凡，富男人也不是遍地是，但漂亮的女人却遍地是，根本就轮不到自己。

后来，张琳在大家的一片的惋惜中嫁给了一无所有的男朋友，两个人像过去一样住着租来的房子，每天挤公交，每天到菜市场买菜自己做饭吃，吃完饭后，他们或是依偎在一起看电视，或是到公园里牵着手散步。有时他们也会争吵，会吃醋，会抱怨，还会来几天的冷战，但他们总能把这些变成快乐生活的小插曲。

几年过去了，他们依然过着平凡人的生活，没有房子，没有太多的收入，可张琳很知足，没有贪婪才能感受到幸福的存在。他们计划在30岁后就回家乡，用自己在大城市积攒的钱买套房子，然后在生一个小宝宝。为了这个目标，他们依然在忙碌工作，在拥挤的城市里挤公交，张琳觉得这才是自己的生活。

而杜菲与男友分手后，几年的时间，她都幻想着嫁给一个富男人，除了做了几年的第三者，没哪个富男人愿意跟她结婚，可她依然不愿委屈自己嫁给那些追求她的普通职员，她看不上他们，更看不上他们能给予自己的生活。30岁了，她还单身一个人，而当初的男朋友早已和一个贤惠的女人结婚，组建了一个幸福的家庭。

杜菲感慨地说，富男人都到哪里去了，为何没有一个是属于自己的呢！

可见，嫁给一个一般般的男人未必不幸福，而一味把富男人当成目标，最后享受不到幸福，还会害掉自己。所以，你应放弃贪念，接受现实的生活，并从平凡的生活中寻找幸福和快乐，如此你就能像张琳一样快乐，否则你将重蹈杜菲的覆辙。

你可以听听的建议

1. 不要嫉妒其他的女人。

女人们在一起喜欢展现自己的富有的一面，同样也怕其他女人看到自己贫穷的样子，怕别人嘲笑自己，怕她们说自己嫁给了一个穷老公。女人容易嫉妒那些嫁得好的女人，很想得到那样的生活，但你要明白，别人的幸福永远不属于你，不要活在别人的幸福里，那样你会很空虚。

2. 不要天天抱怨自己的生活。

嫁给一个一般般的老公，过不上有质量的好日子，很多女人容易成为怨妇，天天抱怨生活，抱怨男人，日子久了就像老太太一样爱唠叨。其实抱怨不会激励男人，反而增加双方的矛盾，还会让男人恨你。其实，路是自己选的，抱怨不是解决问题的方法，你应该去接受现实，用一颗平和的心看待自己的生活，开开心心地度过每一天。

3. 在平凡的生活中享受乐趣。

你可能没有条件向富女人那样享受同等生活，但你完全可以找到属于自己的快乐的方式，没钱去饭店吃大餐，完全可以让自己成为一流的家庭厨师；没有名贵的衣服，你完全可以用自己的想象力，混搭出最有气质的装束；没有宽敞明亮的大房子，你完全可以把小小的房间布置得温馨而又舒适。所以，只要用心生活，每个人都可以幸福。

成功需要过程，给年轻男人点时间

　　每一个人的成长都需要一个过程，如果没好的条件，没几个人一毕业就能当白领的。不啃老，20几岁买套房子简直是做梦！可以说，没几个年轻男人能一下就能让女人过上好日子。女人们必须明白，年轻男人才刚刚走入社会还没多久，暂时低收入，住在郊区、地下室，没钱大把消费，没条件让你享受风风光光的生活很正常，拔苗是不能助长的，抱怨也不能增加他们的财富，除非他们去抢银行，但这样的幸福你敢要吗？

　　男人暂时的贫穷和不成功，并不完全代表他的能力差，也不说明他的未来没了希望，他们的成长需要过程，你应该有点耐心才行，说不定他就是下个李嘉诚呢。其实，很多成功者都是从一无所有走过来的，比如马云、俞敏洪、马化腾这些企业家，还有那些北漂的寻梦青年，比如白岩松、王宝强、范冰冰等，他们都曾经历过一段埋没期，不是一开始就那么成功的，能够像李彦宏、李开复，或者像超级女声、快乐男生那样在高起点去创业的企业家或者一炮而红的明星毕竟都是少数。

　　女人应该给男人一点时间，多点理解，多点鼓励，别奢望男人一下子就变成富翁，那是很不现实的，而且，正如我们在前面讲到的那样，只有陪一个男人吃苦奋斗，你才有资格去享受男人的幸福。

如今，愿意给男人一点的时间的女人愈来愈多，在这个被物欲侵袭的时代里，她们像是一朵独特的花，芬芳而艳丽，男人们欣赏她们，会用自己的一生去呵护她们，而富女人也会羡慕她们，因为她们能得到老公真挚的爱。

陈玲和男朋友在大学里是一对令人羡慕的恋人，毕业后，他们北上去了北京。和所有的北漂一样，他们当初的处境很不好，他们幻想的美好生活一下子被残酷的现实生活踩得粉碎。两个人都没有拿到设想的5000元薪水，再加上他们是应届生，没有多少工作经验，找工作常常被拒之门外，能要他们的公司，都是他们不屑一顾的工作。

为了能在这个城市生存下来，他们在一个小公司里上班，薪水不高，两人准备在小区租个单间，但没想到交了一年的房租却被告知，租给他们房子的人不是真正的房主，那人拿了他们的钱不知去向了，真正的房东把他们赶了出来，他们找警察，警察说这事他们管不了，让他们找法院，无依无靠的他们只能吃哑巴亏。

没办法，两个人仅有的钱只能租一间便宜的隔断间。房子特别小，只能放一张床和一张桌子，其他的空间所剩无几了。他们就这样在北京了呆了两年，他们很努力，可薪水还那么点。每到月底，陈玲也开始抱怨生活。

一次，陈玲在同学的聚会上认识了马谨，几年不见，她已经是名牌加身，还有一辆奥迪开着，俨然是一个富太太的模样。要知道马谨当年不过是陈玲身边的一片绿叶，长相一般，成绩不好，追求者也少，但没想到今非昔比啊！

马谨见陈玲还和男朋友过着租房的生活，就劝陈玲干嘛不找个条件好的男人呢！还准备给陈玲介绍个圈内的人。陈玲笑笑没接马谨的话茬，在内心深处很嫉妒马谨，但表面上她还装装自己的清高。

回到家，陈玲哭了，向男朋友倾诉了参加同学聚会的感受。她有些委屈地说："同样是男人，他们能做到你为何做不到呢？做你的女朋友真的很委屈，我好想有一套属于自己的房子，像她们一样风光！"

男朋友知道陈玲只是发发牢骚，不会因此而离开自己，但他已经意识到了危机的存在，如果自己永远处于这种状态，陈玲说不定真的会离开自己。但现实的情况下，他还无法一下子就拥有一切，他要想获得成功还需要一个漫长的过程，他必须得到陈玲的理解和支持才行。于是，在那天，男朋友就坦诚地和陈玲交流了一个晚上，他说："我现在虽然不能让你过马谨那样的生活，但我为这个目标一直在努力，希望你能给我一些时间，信任我，理解我，我会感谢你的。"

陈玲默默地听着，她被男朋友的坦诚和告白感动着，她有片刻的犹豫，但静下心来想想，既然爱情是自己选择的，就要懂得付出。她非常清楚男朋友目前的状态，更明白这男人的成功需要时间和鼓励。她打算继续坚守自己爱情，给男朋友一个奋斗的过程，也许这个过程会很漫长，但跟着心爱的人一起努力就不会孤单。

不过，给男人奋斗的时间不是女人的一句空话，很多女人都没有坚持到最后就退却了。因此，你在决心把自己的未来交给这样的男人后，你应该做好等待的准备，不能急躁，你要有耐心，还要对男人充满信任，鼓励他，支持他。

你可以听听的建议

1. 不着急，有耐心去等待。

花开花落都需要时间的煎熬，你不能在春天时就立刻过渡到夏天，也不能在夏天马上进入秋天，对男人的等待也一样。男人的成功需要一个时间，不要逼着男人成功，给他足够的时间去做自己的事情。

2. 你要对男人有足够的信任。

如果你决定给男人奋斗的时间，你就要对男人有足够的信任，不要再怀疑他的能力，要相信他能够成功。同时也不要担心男人以后有钱了就会甩了你，爱一个人就要信任他，不要盲目臆断男人将来会如何对待你。

3. 男人需要你的支持和鼓励。

不要把男人想象的那么坚强，在男人的内心深处也有着自己的无助和迷茫，然而他们把一切的软弱都隐藏在内心里，把最坚强的一面展示给你看，这样长期下去对男人是不利的。这时，你应该多给他们一些温柔的支持和鼓励，让他们卸去沉重的心理包袱，用一颗快乐且自信的心去面对人生的挑战。

优秀男人非天生，也需要女人的雕琢

没哪个男人天生就是优秀的，男人的成功除了自身的努力和机遇外，他还需要身边人的帮助，父母、朋友、同事，对，还有自己的女人。男人的生命中离不开女人的存在，每一个成功男人的背后，都有一个支持他的女人。

你还会发现，一些愚昧的女人在天天抱怨自己的男人不够好，抱怨自己得不到幸福的生活，而聪明的女人则懂得如何去帮助和雕琢自己的潜力股男人，发现他们身上的价值，帮助男人获得成功。

女人要想让自己的男人也能像其他男人一样优秀，能像其他男人一样能风风光光地迎来掌声，你就要学会雕琢自己的男人。应该把男人当作你的艺术品，用你的智慧雕琢出一个焕然一新的男人。

当然，很多女人未必能在事业上能助男人一臂之力，但她们完全可以通过对男人形象的包装和内涵的培养方面雕琢男人，使他们变得更加完美出色。而一个不修边幅，形象邋遢，又像暴发户一样粗鲁的男人，肯定有女人失职的地方。

对男人形象的包装和内涵的培养应该两者并重,缺一不可。如果光有外表,缺乏内涵的话,这样的男人就缺乏品位;光有内涵而没外表的话,就难以给人留下好的印象,显得邋遢不够庄重。所以女人包装男人要注意内外双修,均衡发展,外表和内涵都达到一定的高度。你可以从下面几个方面做起:

1. 举止形象包装。

男人的形象是很重要的,无论贫穷还是富有,好的形象都同等重要。因为人的每个细微的动作,或者不经意的一句话都是外在形象的展露。如果男人因为自己不是成功人士就对自己的形象不加注意,搞得很邋遢,甚至喜欢做很多不雅、不文明的动作,会让周围的人更加看不起你。所以,女人要学会打造男人的完美形象,帮助他们纠正不良的习惯和动作,做到举止文明大方,说话得体高雅。

2. 社交方面的包装。

在中国这个人情社会,不懂得社会交往,没自己的人脉,你很难与人相处。女人要想包装一个积极向上的好男人,就要鼓励男人走出自己的小天地、小圈子,多参加一些聚会,多接触别人,建立自己的人脉网。同时,女人还要帮助男人了解各种场合的礼仪,比如说话要有礼貌、饭桌上的各种规矩等等。

3. 塑造男人完美性格。

人有很多性格,如诚实或虚伪、勇敢或怯懦、勤劳或懒惰、果断或优柔寡断等,在这些性格中,有些性格是优势,有的则是弱点。我们常说性格决定命运,好的性格能促进男人的

成长，而性格的弱点则会限制男人的发展。女人要想塑造男人的完美性格，就要让男人把好的性格展现出来，然后克服性格弱点。

4. 管住男人的坏脾气和小脾气。

女人有小脾气，男人则会有大脾气。这可能是个性使然，比如暴躁、易怒等等，但坏脾气无论对家庭和别人都是不尊重的，所以女人要帮助男人改正，只有对人平和友善才能与别人和睦相处。还有一些男人有小脾气，比如小肚鸡肠、耍性子等等，这些脾气会让人觉得不够大度，不够男人。总之，女人要学会塑造一个温和且胸怀宽广的男人。

5. 要有品位，培养高雅情操。

男人的高贵和通俗取决于一个男人是否有品位，有没有高雅的情操。能否成为这样的男人，与他的生活习惯、爱好都有密切的关系，女人在培养男人品位方面有责任。比如让他们学会欣赏高雅的艺术，培养高雅的爱好，最方便最实惠的就是让男人多读书，增加自己的知识和素养，多看一些有深度的电视节目，多看新闻，多思考，对这个世界的很多事情要有自己的判断等等，总之让男人与众不同。

想让日子过得好，穷女人应该学点投资学

这里的讲投资不是让女人像男人那样到处投资做生意，也不是让你购买房产，一个女人如果能买得起房子也不叫穷女人了。其实，下面要讲的是家庭投资理财，就是把自己的钱拿来进行升值收益投资。

对于很多人而言，他们根据没有理财的概念，往往有多少钱就花多少钱，等真正需要钱的时候却拿不出一个子儿来，这就导致穷女人永远都没钱花。于是，她们把省吃俭用的钱存进银行，然而多年后发现，那点利息跟不上物价的上涨，你二十年前存了几万，或许二十年后就贬值了一倍，这太不划算了。

如何让钱不贬值呢？那大概得去买黄金了，不过这对穷女人来说简直是天方夜谭，那么她们只能寄托于如何让自己的钱升值。目前，比银行储蓄获利高的就是基金、股票、期货、银行理财产品、国债等。

但是，天下没有免费的午餐，收益高的理财方式都伴随着高风险的存在，特别是股票和期货这样高风险的投资，弄不好会有倾家荡产的可能，所以并不适合每个人，也不要有一夜暴富的贪婪。你必须在自己能承担风险的范围内，进行适当的投资，不要靠这发财致富，只当它是一个理财，有赚就赚，暂时赔了也不要几天不吃饭，有一个良好的心态还是很重要的，说不定几个月后你的钱又赚回来了。

下面就为你介绍几种理财方式：

一、购买基金

基金有广义和狭义之分，从广义上说，基金是机构投资者的统称，包括信托投资基金、单位信托基金、公积金、保险基金、退休基金、各种基金会的基金。我们现在说的基金通常是指证券投资基金。包括封闭式基金和开放式基金，具有收益性功能和增值潜能的特点。其中，开放基金又分股票基金和债券基金等，风险最大且收益最大的是股票基金。

基金购买的途径：

1.银行。银行基本上都代理各大基金公司的基金，费率高。

2.证券公司。也就是你的股票账户，在网上买卖，这要求你要开通股票账户才行，通过这种途径可以买的基金有封闭式基金、ETF、LOF等，费率较低。

3.基金公司。可以在基金公司的网站上买，这要求你要开通某一家银行的网银才能操作，这种途径的费率较第一种方式低。

如何购买：

基金的起始资金最低是1000元，定投200元起。在购买时，可以一次购买和定额定投。所谓基金"定额定投"指的

是投资者在每月固定的时间（如每月1号）以固定的金额（如500元）投资到指定的开放式基金中，类似于银行的零存整取方式。由于基金"定额定投"起点低、方式简单，受到广大80后的喜欢。

如何赎回：

当投资者有意对手中的基金进行赎回时，则可以携带开户行的借记卡和基金交易卡，在下午3点之前填写并提交交易申请单，在柜面受理后，投资者可以在5天后查询，赎回资金到账。

二、如何购买股票

股票是一种有价证券，是股份有限公司在筹集资本时向出资人公开发行的、用以证明出资人的股本身份和权利，并根据股票持有人所持有的股份数享有权益和承担义务的可转证的书面凭证。股票代表其持有人（即股东）对股份公司的所有权，与每一股股票所代表的公司所有权是相等的，即我们通常所说的"同股同权"。

我们常说的炒股，指的是普通股，它是指在公司的经营管理和盈利及财产的分配上享有普通权利的股份，代表满足所有债权偿付要求及优先股东的收益权与求偿权要求后对企业盈利和剩余财产的索取权。普通股构成公司资本的基础，是股票的一种基本形式。目前，在上海和深圳证券交易所交易的股票都是普通股。

购买股票的程序具体细节：

248

1. 先到银行办一张银行卡，然后带本人身份证、银行卡，在股市交易时间，到证券营业厅开股东账户，费用一般90元，之后营业部会给您一个客户号，以后就用客户号登录交易系统。

股票的交易时间是每周一至周五（节假日休市）9：30-11：30、13：00-15：00。集合竞价的时间是9：15-9：25。

2. 办理网上交易手续。

3. 开通银证转账业务（含第三方托管）。

4. 下载所属证券公司的交易软件（带行情分析软件）在电脑安装使用。

上面的程序做完后，用你开通的账户号先登陆网上交易系统，进入系统后，通过银证转账将银行的钱转到证券公司就可以买股票了。开户的当天就可以买深圳的股票，第二个交易日可以买上海的股票。当天买的股票只能第二个交易日卖出，卖出股票的钱，当天可以买股票，第二个交易日才可以转到银行，转到银行后，马上就能取用。

需要提醒的是，股票风险巨大，在选择时一定要小心。

三、购买银行理财产品

银行理财产品按照标准的解释，应该是商业银行在对潜在目标客户群分析研究的基础上，针对特定目标客户群开发设计并销售的资金投资和管理计划。在理财产品这种投资方式中，银行只是接受客户的授权管理资金，投资收益与风险由客户或客户与银行按照约定方式承担。

根据本金与收益的不同，我们将银行理财产品分为保本固另外按照投资方式与方向的不同，又分为新股申购类产品、银信合作品、QDII 产品、结构型产品等。

每个银行都有不同的理财产品，这么多种类的理财产品是不是每个都能盈利，都能让投资者获利呢？答案当然是否定的，既然是投资，就会有风险。下面我们就介绍一下在购买银行理财产品时需要注意的地方。

1. 有自己的判断，不要盲目听信银行的介绍。

银行在向购买者介绍某种理财产品时，总会往好处说，片面夸大它的高收益，而淡化它的风险，为的就是让你掏钱购买。因此，客户在选择理财产品的时候，一定不要盲目听信工作人员话，要有自己的判断，并详细了解所选中的理财产品包括它的风险。

2. 多向周围的人打听哪个理财产品好。

80 后在准备购买之前，可以多向自己的同事、同学、亲戚打听一下，这些人当中肯定有一些人买过，或者正在买。如果他们购买某种理财产品很长时间了且收入稳定，就说明这个理财产品风险不大。如果他们购买某种理财产品亏了钱，就说明这个理财产品有风险。通过打听就可以少走一些弯路，总之，要吸取别人成功的经验和失败的教训。

四. 购买余额宝、财付通等互联网理财产品

2014 年是互联网金融爆发的一年，阿里巴巴推出了余额宝，微信推出了财付通。相比传统理财方式，这类产品没有

手续费，随时可取，收益比银行活期存款高上几倍。以余额宝为例，余额宝是由第三方支付平台支付宝为个人用户打造的一项余额增值服务。截止到 2014 年 3 月份，余额宝规模已超过 2500 亿元，客户数超过 4900 万户，收益率最高时达到 5%-7%。笔者在余额宝存入了两万元，短短一月就收益了100 元。

第十章　别给以后留遗憾
——送给女人最后的忠告

　　除了我们在前面章节介绍的那些，女人结婚前，还有很多需要注意的地方，否则就会给以后的生活留下遗憾。比如，不要总要男人掏腰包，你也应该学会主动买单。比如，不要总想着考验男人，试图解除自己心中的那份疑虑，但这样做容易失去他们的信任。比如，不要隐瞒自己的缺点和真实信息，要学会慢慢向对方展示。最后，不要为了年幼的承诺而勉强去爱一个男人。

别总让男人掏钱包，学会主动买单

男女在一起约会、吃饭、娱乐消费往往都是男人主动掏腰包，这是一种礼貌，或者是恋爱的"钱规则"，男人不这样做就会被认为不够大方。但女人们必须要明白的是，大部分的男人并不情愿这样做的，只是出于男性的绅士风度罢了，如果一个女人把男人掏腰包当成理所当然的事情，这难免会让男人心里很不舒服，如果你每次都等着男人掏腰包，可能你在他们心中的形象会一落千丈，进而把你拉入黑名单。

林飞是个很大方的男孩，每次和女孩在一起都抢着买单，当然，他只是出于礼貌罢了，如果每次都买单他也吃不消，他只是一个工薪族，每月还有千元的房贷要还。一般情况下和他交往的女孩也会买单的，不会总让他掏钱，或者AA制，这样大家都不必为谁买单而让来让去。

然而，林飞最近交了一个女朋友，可让他烦透了。当初觉得这女孩挺单纯，挺可爱的，但慢慢地就觉得很讨人厌了。女孩叫顾小西，在一家事业单位上班，收入不错，有一双赵薇一样的大眼睛，平常爱穿长裙，显得优雅而可爱。他们的父母都在一个系统里工作，于是就想撮合两个孩子能成为连理。两个家庭在一起吃了一顿饭，那次见面，彼此都有好感，之后两个人就开始交往。

刚交往那段时间，林飞觉得自己是男士，必须绅士一些才可以，所以每次约会，都是他主动买单，一月下来，吃喝玩乐足足有千元的支出，面对高额的房贷，不想啃老的他有了恋爱的压力。他想顾小西总不能每次都让自己买单吧，说不定她以后也会买单，或者能体谅他，让他尽量减少恋爱的支出。

可顾小西并没有像林飞想象的那样善解人意，每次约会要买单时，她都一副若无其事的表情，总会把目光投向林飞，从没说过要买单。每当这时，林飞心里就特别不平衡，不再觉得这个女孩可爱了，甚至对她有了小小的厌烦。

有一次，顾小西非要让林飞请他到西餐厅吃大餐，林飞很不情愿，他那个月刚交完房贷，没多少钱能支撑他如此高额的爱情消费，他就说改天吧，可顾小西小姐脾气马上来了，她说就想今天吃。林飞当时口袋只有一百元，根本不够消费的，看着眼前可气的顾小西，林飞就硬着头皮去了，他准备等到买单时说再说自己的钱不够，要看看顾小西这次买不买单，算是考验她，也是发泄一下自己心中的委屈。

等他们酒足饭饱之后要买单时，林飞摸摸口袋对顾小西说："不好意思，我带的钱不够，这下怎么办？"他看着顾小西，等待着她来买单，然而她却一动不动地坐在那里，没有抬头，也没有回应他的话，只是低着头吃着盘子里的残羹冷炙。林飞有点来气，又重复了一遍，顾小西这才抬头说道："我出门没带钱的习惯，身上只有几十块钱。要不，你打个电话让你朋友送来吧！"

林飞看着顾小西漫不经心的样子，真想臭骂她一顿。一个女孩子出门不带钱，难道就等着男人为你买单吗？一次两次无所谓，但每次都这样哪个男的能受得了，难道为男人买单是吃亏吗？林飞越想越气，然而服务员还在那里催他们，没办法，林飞和服务员好声好气地商量办法，把身份证压在那里，自己回去拿来钱再付。他没有让朋友给他送钱，他怕让哥们知道自己交了一个出门不带钱的女朋友，那太丢人了！

林飞丢下顾小西一个人气冲冲地离开了。那天之后，林飞一连一个星期都没理睬她，电话也不接，短信也不回。这下可急坏了顾小西，她和她的家人都对林飞印象不错。至于为何不愿买单，不是她抠门，而是觉得男女交往就应该男人多花钱，她的闺蜜都这么说。但她还是妥协了，主动向林飞认错，还请林飞吃了一顿500元的大餐。

林飞心软，就原谅了她。可顾小西请林飞吃完大餐后，她就拉着林飞去买东西。林飞当时有些累，不想出去逛街，但为了恋爱，他还是拖着疲惫的身躯去了。在商场，顾小西看中一双200元的鞋子，顾小西原本想用自己的钱买的，但想到刚刚自己花500元请林飞吃饭，心里也特别不平衡，就让林飞买了送给自己，还唠唠叨叨地说了一大堆理由。

在林飞看来，如果顾小西不说那堆理由，或许他还能为她买单，可得知顾小西是为刚才那顿大餐心里不平衡才嚷着自己给掏钱，对顾小西的不满再次袭上心头，并有了分手的念头，不想再与这样的女孩交往了。但他还是掏钱付了款，算是最后的告别吧。

可顾小西并没有意识到林飞情绪的变化，她拿到鞋子满足地笑着，还说道："这才像我的男朋友嘛，很多恋人逛街都是男人掏腰包的！"

林飞没有说话，一声不吭地跟在她的后面。来到楼下，顾小西说自己要回家，她站在路旁看着林飞，林飞根据经验知道这是顾小西在暗示为她找辆出租车，当然要把车费先给司机。但今天林飞对她的暗示无动于衷，说自己要去见一个朋友，扭头就走了。而顾小西生气地站在那里，直到看不到林飞的影子，她才自己花一元钱坐公交回家了。

此后，无论双方父母怎么劝，林飞再也不和顾小西交往了，他对这个女孩已经烦透了。一个月后，他重新找了一个女朋友，而顾小西还在那里埋怨：这男人太小气了。

也许故事中的林飞不是很大方的男人，但顾小西也不是很善解人意的女孩，换成其他男人也不会太喜欢她。女人们应该明白，在男人的心里，他们更欣赏那些通情达理，能理解自己，能时常劝自己少花钱的女孩，如果这个女孩也能主动买单，就更完美了。

所以，女孩要想赢得男人的好印象，就不要在恋爱的时候把男人当你的提款机，你必须清楚他们是不情愿的，你越是高兴，他们心里越不平衡，而且不是所有的男人都那么有钱，你过分的话，男人就无力承受，对你望而却步。

如果你能主动买单，哪怕只是偶尔几次，男人都会觉得你可爱，他们不平衡的内心才能得到小小的抚慰，说不定会更加地对你好，花钱也不会抠门了，最主要的是，你在男人心中的形象提高了，觉得你是一个能继续交往下去的女孩。

而且，女人不要让男人买单，其实是对自己的尊重，你完全有能力自己承担自己的费用，干嘛总让男人掏钱呢？如果是老公谁买都无所谓，但关键他还不是，你们还处于相亲和恋爱之中，彼此都是平等的，你应该学会独立才行，尊重自己，也让男人尊重你。如此，你在男人的心中的形象才会变得高贵。

你可以听听的建议

1. 要懂得心疼男人的腰包。

如果你真的爱这个男人，就要懂得心疼男人的腰包，尽量让男人少花钱，特别是那些不太富裕的男人，你更要懂得体谅他们。如果每次去一个消费场所都抱着"好好敲一笔"的心态，那么你要注意了，你应该好好问自己是否真的在认真经营这份感情。爱一个男人就别在乎男人愿意为你花多少，能不能给你一个美好的未来才是关键的。

2. 在男人窘迫时主动买单。

男人的身上未必天天都带足为你消费的钱，如果哪天他囊中羞涩了，你不能像故事中的顾小西那样装傻子，如果你身上有钱，就赶紧把钱结了，这样既可以帮助男人解围，又可以为自己形象打分。

3. 不想买单也要装装样子。

我们在平常的交往和应酬中，大家都会争着买单，有的是真好客，大部分其实是装装样子，说到底是一种做人的礼仪。如果每次和大家吃饭，你都没有要买单的意思，大家会觉得你很讨厌，你自己也会很不自在，即便你上次刚刚请过客，装装样子也是应该的。在恋爱中，女人也是如此，买单时也要装装样子。

考验男人容易失去他的信任

　　有一个女孩面对三个同样优秀的男人时不知道该选择哪个好，结果闺密说应该用一个方法好好考验这三个男人，看他们谁最适合你。女孩就问是什么方法，闺蜜就笑着说，就是向这三个男人借钱，而且数目还要不小，但还是在这三个男人的承受范围之内。

　　女孩觉得这个注意不错，她急于在三个男人当中做出选择，想知道这三个男人到底谁更爱自己，于是，她就照闺蜜的建议做了。令她失望的是，三个男人，一个说自己的钱都在妈妈手里，一个说自己的钱都在股市里，另一个干脆说自己的钱是用来结婚的。最后，这个美女和这三个男人都分了手。

　　不是每对恋人和夫妻都会把自己完全袒露给对方，男人也常常是带着面具生活，这使得女人很难知道男人心中到底在想什么，也不知道男人嘴里有多少是真话，有没有骗自己，所以，女人时常缺乏安全感，她们很想知道男人是否在想着自己，爱自己有多深，外边有没有别的女人。这种危机意识，让她们整天忧心忡忡，会想尽办法对男人"摸底"，于是会使尽花招考验男人……

女人最喜欢考验男人的几点：

1.考验男人爱自己是否真心。

女人最担心的是男人是不是真心爱自己，是看重自己年轻的身体，把爱情当成一种游戏，还是真的把自己当作最珍爱的人。为了得到答案，她们会考验男人的诚意，如同谎称自己病了，看看男人能否在第一时间赶到等。

2.考验男人爱自己有多久，会不会变心。

大多数女人不会像男人那样脑子里总幻想有多次艳遇，她们比男人相对专情，爱一个人就想与他永远在一起，不希望这段感情会在某一天划上句号。其实，无论男人女人，在恋爱中都希望对方不会变心，对自己死心塌地。女人们为了证明男人不变心，会想尽办法考验男人的忠诚度。

3.会不会对其他的女人动心。

男人天生好色，见了漂亮的女人总想多看两眼，精神出轨是难以避免的。然而，女人总不放心男人，怕他们会爱上某个女人，哪怕只是欣赏也是会吃醋。于是，很多女人就经常考验男人是否精神出轨，比如在大街上看到一个美女，或者让自己漂亮的闺蜜来做客，事后女人总会问：觉得那个女人漂亮吗？是不是你喜欢的类型？或者问：我闺蜜漂亮？如果没遇到我，会不会爱上她等等。

4.考验男人有没有别的女人。

女人在恋爱和婚姻中常常是多疑的，总觉得男人在外边有别的女人，对每个与男人有来往的女人都特别敏感，有时还会假想情敌的存在。为了验证自己的怀疑，有些女人通过频繁的房事来考验男人对自己的"性趣"，如果男人对自己没"性趣"，或者一副体力不支的样子，就认为男人在外边有女人。

5. 愿不愿意为她牺牲自己的利益。

有的女人觉得一个男人爱自己，就愿意为她赴汤蹈火，敢于奋不顾身，敢于牺牲自己的利益。而最能考验男人的就是钱的利益，比如像开头那个女孩对三个男人的考验一样，看看男人是否舍得为自己付出。

6. 愿不愿陪自己逛街。

男人讨厌陪女人逛街，可女人偏偏就喜欢拉着男人逛街，有的女人只是想让男人陪着，有的则是考验男人。她们觉得让男人去做最不愿做的事情，最能考验男人的耐心，如果男人愿意陪着自己，就说明这个男人很在乎自己。

然而，你应该小心的是，当男人知道你总是这样不厌其烦地考验自己时，男人会受不了的，会觉得你对他缺乏足够的信任，没有尊重双方的感情，而且男人无法忍受天天被女人考验的生活。

如果你太过分的话，说不定哪一天他生气了就会朝着你嚷道："你烦不烦啊，你这是无理取闹！"从此，男人经常和你吵架，家庭的和谐遭到了破坏，也许你们之前的感情非常好，可被你这样一折腾，就出现了裂痕。严重的话，男人会对你说："我受够你了，既然不相信我，干嘛还要跟我在一起，我们分手吧！"

我们看这个故事：

婉儿一直觉得自己是个灰姑娘，长得不漂亮，也没什么才女的气质，所以，在她的内心深处很自卑，都是怀疑周围的人会嘲笑自己，也怀疑男生在私下说她不够漂亮。然而，婉儿进入大学后，积极地去塑造全新的自己，性格变得越来越活泼，学唱歌，学跳舞，还进入了学生会。

在大学里，婉儿也渴望遇到自己的爱情，但却未曾奢望过哪个帅哥会爱上自己，大学里美女那么多，有一个一般般的男生爱上自己已经不错了。可让她没有想到是，文学院的才子加帅哥孟小东却爱上了她，理由是她的单纯和可爱，没有其他女孩的浮华和娇气。

有一个帅哥爱上自己，这在宿舍里引起了不少轰动，要知道宿舍几个美眉的男朋友都比不上孟小东出色。这下婉儿可风光了，她忽然自信起来，觉得自己还是有魅力的，在这种心态下她开始大胆和孟小东恋爱。

转眼间，他们毕业了，去了某一线城市。孟小东凭借优异的成绩去了一家杂志社做了编辑，而婉儿一直没有找到合适的工作，在一家小公司做文员，每月只有1500块钱，与孟小东4000元的薪水相差几倍。

面对如此出色的男朋友，再加上自己工作的不如意，婉儿觉得两人之间有很大的差距，无论从哪方面讲，都觉得自己配不上孟小东，他完全可以找一个比自己更漂亮更优秀的女孩。她还听说孟小东的编辑部都是清一色的美女小编辑，她有了危机感。

那些日子里，婉儿隐藏在心底的那份自卑感再次强烈起来，她总担心孟小东有一天会离开自己，或者已经爱上别人。可孟小东说她多想了，他不会离开她的，也不会爱上别的女人，但不管孟小东怎么保证都无法消除婉儿心中的那份自卑和多疑，她很想知道孟小东到底爱自己有多深。

该怎么确定孟小东说的那份话是真的，又怎么确保他不会再爱上别的女人，为了这个问题，她整天都闷闷不乐。一次她把自己的烦恼告诉了公司的一位大姐，这位大姐是过来人，就劝婉儿好好考验一下自己的男朋友。

婉儿不解地问，去考验他什么，怎么去考验呢？大姐笑了笑，说道，男人是经不住诱惑的，你何不找个漂亮的女孩考验一下他，看看他会不会对其他女孩动心，男人能经得住考验，就说明他不会变心。

婉儿有些疑虑，她说这样不妥吧，再说，我到哪里找漂亮的女孩考验他，若是他真的爱上人家就完蛋了。大姐说，没事的，很多女孩都这样考验过自己的男朋友，你可以找自己最熟悉的女性朋友，而且只是考验的游戏，不会弄假成真的。

之后，两人策划了一个方案……

婉儿在这城市有一个初中的同学刘倩，人长得很漂亮，也很性感，是很多男人都心动的女孩，而且孟小东也没见过她。婉儿就打电话和刘倩商量这事。没想到刘倩当即答应了，还说这个游戏好玩，说自己做梦都想演戏，哪怕被张导、冯导潜规则。

一个星期后，婉儿就谎称刘倩来北京找工作，暂时没地方住，先在她这里住一段时间。孟小东觉得没什么，他们还有一间5平方米的次卧，正好能住人。于是，刘倩就搬了进来，三个人开始了"同居"生活。

按照计划，刘倩在婉儿不在的时候，会故意诱惑孟小东，有意制造两人暧昧的感觉，但孟小东都不为所动，对刘倩始终都很客气，没有想偷腥的迹象。婉儿暗暗窃喜，但她还是有点不满意，认为这是在自己家，孟小东即便有念头，也不敢胡来。为了继续考验孟小东，婉儿和刘倩有了新的计划。

一个月后，刘倩以自己找到住处为由搬了出去。可是搬走之后，刘倩开始经常骚扰孟小东，说经过那段时间的相处，已经深深爱上他了，还说她不在乎什么结果……其实在这个时候，孟小东已经察觉异常了，当初他就觉得刘倩很可疑，常常看到两个女人鬼鬼祟祟说什么，再想想这些天刘倩像是演戏一般的诱惑，让他想起了小说里那老套的情节——老婆用美色来考验男人！但孟小东只是猜测，在没有证据前，他不想怀疑自己的女朋友。

直到有一天，婉儿亲口告诉孟小东这个秘密，她还笑着对孟小东说："恭喜你，你胜利通过了我们的考验……"她太天真了，以为男人知道这个秘密后会为自己不受诱惑而沾沾自喜，但没想到，孟小东的脸霎时间变得难看。他没有说话，一个人出去了。第二天他就提出了分手，态度非常的坚决，一点回旋的余地都没有。孟小东表示说："我可以原谅你任何的错误，但我不能原谅你用这种方式来考验我的真诚！"

男人不同于女人，他决定放弃的感情是不会回头的。婉儿面对突然失去的爱情，她很后悔用这么愚蠢的举动考验男人，也想不明白孟小东为这点"小事"至于这么坚决分手吗？这段感情还能否挽回？

男人虽然不是冷血动物，但却很有原则，而且决定要放弃的事情是不会轻易在回头的，故事中的婉儿只能尝尝考验男人的严重后果。所以，不要天天绞尽脑汁去考验男人，那样你会失去男人对你的信任。

你可以听听的建议

1. 用细心的观察代表考验。

女人不能考验男人，那么该怎么确信和了解男人是否变心、是否已经有其他的女人呢，或者女人应该用什么方法来代替考验？我们在这里推荐观察，女人是极其敏感的，通过男人身上的很多细节你就能了解自己的男人，或许你会发现很多的秘密。

2. 即便考验，千万别告诉男人。

如果你真的想考验男人，那么请别让男人知道这个秘密，也不要和其他女人说，更不要分享你的经验。男人知道后就会像故事中的孟小东一样"绝情"。如果通过考验，发现自己多虑了，那么就把这个秘密埋在心底，永远不要说出来，如果男人让你失望了，你就应该思考对策了，到底是自己做得不够好，还是男人真的变了，并想想接下来该怎么办。

不要刻意隐瞒缺点和真实信息，适当展示

有个丈夫在日记中这样抱怨说：

结婚一年后，我发现妻子完全变成了另一个模样，与原先的她判若两人，这令我很失望，觉得她骗了我。我当初认识她的时候，对她的印象不错，那时的她善良可爱，通情达理，温柔贤惠，看不出身上有什么缺点，所以我才和她交往，并登记结婚。

婚后，我才知道原来女人也会变的。她身上的很多缺点都暴露出来，而这些缺点都是我不能接受的。恋爱的时候她很贤惠，每次来我们家都抢着给我打扫房间，还会做饭，正是这点才打动了我。然而，婚后完全是另一个样子，她不爱做饭，每次都等着我下班来做，她不爱做家务，如果我不整理，家里就会狼藉一片。男人做饭、做家务其实没什么，但她起码也该体谅一下我的劳累，我没必要天天伺候她吧。

恋爱的时候，她说一定会好好与我们父母相处。然而婚后，她根本没去过我家几次，这让父母很有意见。我劝她有时间多到我家坐坐，可她还是不听，说不喜欢和长辈们在一起，只想

呆在自己的家里。我很生气，恋爱的时候你为何在我父母面前表现得那么好，为何不能一如既往呢？

恋爱的时候，她说自己平常没什么不良嗜好，人际关系也很简单。可结婚之后，发现原来她的圈子很复杂，有各种各样的朋友，喜欢去夜店之类的地方，而且消费观很超前，她的薪水都被娱乐消费了，所有的家庭支出都是我一个人的。

我觉得她不是我所要找的人，我们完全是两个不同世界的人，无论生活习惯，还是价值观都不同，我对她很失望。我觉得她骗了我的眼睛，在结婚前她应该让我了解一个真实的她，这样才能确定两个人适不适合在一起。

还有一个男人抱怨说：

我们是今年上半年结婚的，我已经33岁了，她说与我是同年的，并且我也看了她的身份证，比我小半岁。看着我已这么大年龄了，不宜再拖了，于是就结婚了。但是最近我发现她的实际年龄比我大了4岁，她已经37岁了！（这一点已非常确定，并不是我多疑）我对她的这种欺骗行为感到非常气愤！

在婚姻生活中，女人会抱怨男人用最好的一面欺骗了自己，同样男人也会。很多女孩在婚前你看不出她有什么缺点，很多条件也符合男人的要求，然而结婚之后才真相大白，不是有缺点一大堆，让丈夫无法忍受，就是被隐瞒的真实信息暴露出来。

其实，人在恋爱结婚的时候，都想知道对方真实的一面，通过了解才能确定要选择的对象。可很多人喜欢隐瞒自己，比如某些缺点，或者真实的年龄和家庭背景等，在结婚前一点都不透露给对方，想尽办法伪装自己。

但是伪装的自己总有一天会露馅的，人不能做一辈子演员，总要去做真实的自己，不然你会活得会很累，整天担心对方会不会发现自己的毛病。其次，对方发现你欺骗了他，男人就会很失望，认为你欺骗了她，让自己陷入信任危机。

一个人一旦陷入信任危机是很可怕，不要觉得隐瞒缺点和真实信息不是大错，只要男人爱自己他就会慢慢地接受自己，其实不然，从最近的"打工皇帝学历门"可以看出，当一个人出现诚信危机时，哪怕是小小的瑕疵都是不能容忍的，无论你能力多么强，无论你做出多少贡献，都会给完美形象留下抹不去的污点，严重的话，多么高大的形象都会在瞬间坍塌，让你永远不能翻身。

所以，婚前的诚信不能忽视，你必须让对方了解一个真实的你，这样才能为不和谐的婚姻生活打预防针。但不意味着要求你一下子就把自己的一切都告诉对方，那样会吓跑很多男人。聪明的女人会在与男人建立一定感情后，慢慢地向男人展示一个真实的自己，让对方慢慢地接受自己的缺点，如此才能获得男人的信任。我们看这个故事：

沈熙曾经交过好几个男朋友，但大部分都因为对方受不了她的缺点而分手的，或者说她不够真实，很多地方都是伪装出来的，让男人有点受骗的感觉。后来，整个公司的小伙子都不敢追她了，看着别的女孩和男朋友成双入对一副甜蜜的样子，再看看自己的遭遇，沈熙觉得很好悲凉，好委屈。

沈熙觉得，自己伪装缺点还不是为了能赢得对方的好感，难道这样做有错吗？如果把自己不好的一面完完全全地告诉别人，恐怕也会让很多男人提前放弃自己。那段郁闷的日子里，她没心情工作了，就辞职了。

在家呆了一个月，她开始好好地反省自己。一月后，她又换了份工作，并期待着爱情的来临。在公司里，沈熙规规矩矩的，很多男士对她的最初印象都不错，两个月后，有一个比她大两岁的同事开始约她。

两个人开始交往了，这次，沈熙已经做好了如实展现自己的准备，但她并没有急着把自己全盘托出，而是选择了先积累感情，然后一点点地向对方展示自己的策略，让对方慢慢地适应自己。

通过交往，男朋友了解到沈熙有些洁癖，起初，他有些潜意识的反感，但他慢慢地习惯了，觉得有一个洁癖女孩并不是那么讨厌，相反她们都很干净，有气质，更有着良好的生活习惯。男朋友也知道了沈熙做饭很难吃，但是还是很努力地做饭，这点给了他不小的感动，觉得一个女孩可以做饭不好吃，但有这份心意就行了，男人也可以做饭的。男朋友还知道了沈熙出生在单亲家庭，母亲的脾气很不好，也影响了沈熙的性格。很多人都会用异样的眼光看她们。巧的是，男朋友也来自单亲家庭，很理解她们。

沈熙在交往过程抱着真诚的态度让对方了解自己，渐渐地获得男朋友的信任和好感，两人的感情有了进一步的发展，并考虑着结婚的事情。而沈熙也下决心要好好的改掉自己洁癖的习惯，并努力学习做饭！

可见，只要一个人能够坦诚地对待自己和别人，任何不好的缺点和家庭背景都不是阻力。男人可以被你感动，可以接受你的缺点，也可以慢慢忍受你的小脾气，但却不希望你用伪装的自己去欺骗他的眼睛。

你可以听听的建议

1. 用你的优点去弥补你的不足。

如果一个男人爱你，他不会只看你的缺点，而且每个女人都有自己优秀的一面，也有自己最独特的一面，你应该把这些方面展现给男人，当男人欣赏你的优点和独特魅力时，你的那些缺点在他眼中就是微不足道的。

2. 为你深爱的男人学会改变自己。

没有什么缺点是不可改变的，如果你的缺点影响你找对象，你为何不试着改变自己呢？如果对方是你很喜欢的人，他又不能接受你的缺点，为了不失去这份感情，你只能改变自己去适应对方。

不要为了年幼的承诺去勉强自己

在懵懂的岁月里，青涩的恋人们怀着对爱情的美好向往，喜欢承诺，仿佛没有承诺的爱情就是不完美的。有的人真的走到了一起，然而大部分人却选择了别离，当初的承诺也被忘得一干二净。

如果许多年之后，你们还做着恋人，但没了以前的那份激情，感情开始淡漠，你也意识到这个人并不适合自己，也无法爱上他，此时，你还会为了幼时的承诺继续维持这份爱情吗？而且维持的结果是让自己的生活没有一点幸福和快乐。这样的困惑，对于很多年轻女孩来说都是可能会遇到的事情，比如刘蕊：

> 刘蕊和张寰在高中是同学，而且是前后位，在那个幼稚的年纪里，少男少女们情窦初开，都渴望遇到一份童话般的爱情，并默默地暗恋着自己心仪的男生或女孩。那时，两个人彼此都有好感，经常会在一起讨论问题，还会讨论人生的话题，慢慢地，他们的关

系变得复杂了，不再那么单纯，后来开始偷偷地恋爱。

　　他们像很多恋爱一样，约会、思念和幻想，享受了压抑很久的爱情的冲动，有一个人被你喜欢着，彼此感受着对方的存在，那种感觉是甜蜜和欣喜的，看什么东西都是快乐的。刘蕊那时觉得，这就是爱情，虽然说不上喜欢他的理由，但就是迷恋这种感觉。他们还经常憧憬美好的明天，彼此都向对方许下过很多诺言，说永远都会在一起，一辈子，甚至下辈子。是那么的真诚和执着。那时，刘蕊从来都没想过要背叛这个诺言。

　　然而，一年后的高考，他们被不同的大学录取，面对不能选择的前途和未来，他们无法继续在一起。但两人决定坚守爱的承诺，说等大学毕业后就可以继续在一起了，他们期待着那天的到来。

　　可是，两个不能在一起的人，感情总会淡漠的。到大学后，刘蕊开始了紧张又忙碌的新生活，她也变了，成熟了，现实了，不再是当年那个天真而且爱幻想的女孩了，她觉得高中时代的初恋太幼稚，也许所有的一切仅仅只是一种感觉，他们只是希望能找个恋爱的对象。她开始怀疑张寰是不是自己真正所喜欢的人。刘蕊对张寰的感情越来越淡，虽然她会鼓励张寰好好学习，可她已经感觉到两个人的缘分走到了尽头。

　　不过，那头的张寰还活在过去的记忆里，他一直坚信两个人会永远在一起的。刘蕊进入大学后，他还坚持给刘蕊写信，起初，刘蕊为鼓励张寰，还能应付着回几封，可时间长了就觉得很累。有一次刘蕊就表达了自己想退出的念头，她已经找不到爱的感觉，张寰却说："你难道忘记我们的承诺了，我们曾经说要……还是你爱上了别人？"

刘蕊没有移情别恋，并且还拒绝了很多的追求者，她只是想重新开始新的生活，不想永远活在过去，也觉得分手是很正常的事情。但她又不想成为一个背叛承诺的女孩，她的犹豫让自己很痛苦，为了承诺，她继续和张寰保持着恋爱关系。

毕业后，他们又在一起了。但几年没在一起，两个人没了初恋时的亲密感，有时甚至找不到要交流的话题，隔阂明显地摆在那里。此时，张寰也变了，他固执又不思进取，总是拿过去的承诺说事，说刘蕊冷漠了他，两人为此经常吵架。

刘蕊对张寰早就没了感觉，只是为了承诺和歉意才勉强在一起。两个月后，刘蕊再也无法忍受这种生活了。她终于明白爱情是不能勉强的，不是所有的爱情都有结果，也不能仅仅为了年幼的承诺而去勉强自己爱一个男人。这样下去，自己会很痛苦，对方也未必能得到幸福，既然这样，还是放弃吧。深思熟虑之后，刘蕊提出了分手！

可能在部分男人和爱情的道德家眼里，刘蕊的放弃是对爱情的背叛和不忠，但强迫女人为了承诺勉强爱一个男人，是不是强加给女人的道德贞操？或是对恋爱自由的不尊重？既然男人可以说谎，可以把承诺当儿戏，凭什么要求女人必须遵守，这是不公平的。

其实，年轻时所有的承诺都是幼稚的，它只代表过去的真诚，没人会知道明天会怎样，恋人应该珍惜的是两个人在一起的时光。爱也不能勉强的，两个人能否在一起要看缘分，还要看对方适不适合自己，是否还爱着对方，勉强的结果只能让自己很痛苦。

爱情不能建立在诺言之上，由诺言来维持的爱情是脆弱的，它需要的是责任，不欺骗，尊重和理解，在相处的时光里好好地爱对方，如果爱的感觉结束，就不要再把自己献身给承诺。这不同于婚姻，婚姻的承诺需要坚守的，因为这是责任和道德要求，一旦确定嫁给一个人，可能就是一辈子的事情，为孩子为家庭。但爱情是自由的，只有相爱的人才能在一起，所以，女人们不要为了过去的承诺勉强自己去爱一个男人。

你可以听听的建议

1. 真诚地告诉男人，你已经不再爱他。

当你已经不再爱他时，就鼓起勇气告诉他吧，不要觉得这是背叛诺言，也不要觉得谁对不起谁，恋爱的过程就是一个彼此选择的过程。如果你开不了口，你可以用一种委婉的方式暗示他，或者通过第三方告诉他，一个理智的男人会接受这一切的。

2. 诺言不是儿戏，不要轻易许下承诺。

无论男人女人，在恋爱的时候总是动不动就承诺，如果你无法确定自己能否做到，就轻易许下承诺就是对别人的一种谎言，更会给自己以后带来麻烦。所以，承诺是个很严肃的话题，是不能随口说的。